Quer durch mich
Maria Martin

Für Nicole,

von Frau zu Frau,

Herz zu Herz,

Seele zu Seele.

(Jan. 2015)

Maria M.

D1718360

Quer

durch mich

Maria Martin

Ein biografisches Tagebuch

Bibliografische Information der Deutschen Nationalbibliothek
Die Deutsche Nationalbibliothek verzeichnet diese Publikation in der Deutschen Nationalbibliografie;
detaillierte bibliografische Daten sind im Internet über
http://dnb.d-nb.de abrufbar.

Impressum
Edition Lumen
Edgar Gläsemann
Rosenweg 5
D-79865 Grafenhausen
Tel. 07748-9295790
Fax: 03212-1059200
www.edition-lumen.de
edition-lumen@gmx.de
Erstauflage: Mai 2013
Überarbeitete Ausgabe: Juli 2014
Lektorat: Gaby Schwarz
Umschlag: Eva Michel
ISBN 978-3-943518-09-2

Unser Gemeinschaftsprojekt unabhängiger Autoren:
www.bittere-traenen-magazin.de

Zu diesem Buch

Ich heiße Maria und bin jetzt über vierzig Jahre alt. Ich schreibe in meinem Buch über ein Thema, das vielleicht schlimme Gefühle auslösen kann, ein Thema von dem du bestimmt schon gehört hast, doch von dem du vielleicht denkst, es ist ganz weit weg.
Das Thema heißt sexueller Missbrauch an Kindern und ist für uns alle sehr nahe.

Ich war so ein Mädchen, doch heute bin ich eine erwachsene Frau, die darüber schreibt. Ich erzähle hier von meinem langen Schmerz, den ich verarbeite und von dem ich Stück für Stück ganz langsam heile.
Es ist eine traurige Geschichte, aber es ist meine Geschichte.

Manche Dinge über die ich hier schreibe sind vielleicht medizinisch nicht ganz korrekt, sie sind einfach so beschrieben wie ich sie erlebt und verstanden habe.
Ich bitte daher um Verständnis.

Vielen Dank!

Maria Martin

Ich möchte meine Leser nicht schockieren aber die Zahlen sind erschreckend.

Eine Zahl von 300.000 Kindern im Jahr wird vom Kriminalamt bestätigt. D.h. dass in Deutschland alle zwei Minuten ein Kind sexuell missbraucht wird. Jede dritte bis vierte Frau und jeder siebte bis zehnte Mann wurde in der Kindheit zum Opfer.

Das wahre Ausmaß lässt sich aufgrund der hohen Dunkelziffer nicht wirklich erkennen, ich weiß nur, dass sich hinter jeder Zahl schrecklich viele Einzelschicksale verbergen.

Sexueller Missbrauch von Kindern findet meistens im Verborgenen statt und der Schritt an die Öffentlichkeit ist meist ein großer.

Ich wage diesen Schritt, denn damit es erst gar nicht zu Missbrauch kommt, müssen wir alle aufeinander Acht geben. Wir müssen Prävention betreiben und dafür werde ich mich in Zukunft einsetzten.

01.03.2012

Ich glaube ich habe mein Leben lang immer nur gekämpft. Ich möchte doch nur eine gesunde Seele haben. Gedanken kommen wie z.B. ich habe noch nie jemanden richtig geliebt. Warum spürt keiner was in mir vorgeht?

Am 19.12.11 beginnt nach der Medikamenteneinnahme die erste Therapiesitzung bei der Psychologin Frau Dr. Boll. Ich spüre, es geht nicht mehr ohne Psychopharmaka. Ich bin so durcheinander, holt mich meine Vergangenheit jetzt dreizehn Jahre später wieder ein? Ich weigere mich immer wieder das für mich so Schlimme anzunehmen weil es einfach unfassbar ist.

November 2011: Outing bei meiner Familie weil es mir so schlecht geht. Leider herrscht erst mal Funkstille, weil sie nicht wissen, wie sie damit umgehen sollen.

Am 11.01.12 erste Therapiesitzung bei Frau Dr. Maurer, Privattherapeutin.
Seit Februar - nach einem wiederholten Zusammen-bruch - in der Firma krankgeschrieben.
Ich glaube, ich habe irgendwann eine neue Person gebildet die entstanden ist, damit ich mich selber so viele Jahre daran hindern konnte mich emotional und physisch dem Trauma des Missbrauchs zu stellen.

Seit Therapiebeginn am 11.01.12 wieder fortschreiten-de Bewusstwerdung der Realität.
Befasse mich auch wieder damit, dass ich ja in 1998 und 1999 schon einmal eine zweijährige Therapie gemacht habe. Kann mich nur ganz vage daran erinnern. Damals ging ich in Therapie weil ich so schlimme Zwänge hatte, wusste aber nichts von meinem Miss-

brauch. Unfähig, mich an irgendetwas zu erinnern was damit zusammenhängt. Wieder der Gedanke, ich muss wohl ein zweites Ich gebildet haben statt mich umzubringen oder psychotisch zu werden.

Ich verschwand nach dem Missbrauch in meiner Seele die immer noch zum großen Teil schläft. Um mich zu schützen war das der kreative Geist eines Kindes dem Entsetzen und dem Schmerz zu entkommen.

Einerseits dauernd diese Gedanken und andererseits der Konflikt tiefer Schuld weil ich andere beschuldige die mir das angetan haben. (Wenn ich mir das alles nur einbilde?)

Ich muss erst mal richtig begreifen dass sexueller Missbrauch so wie ich ihn erlebt habe körperlicher und emotionaler Missbrauch ist. Egal wie schwerwiegend er war, ob mit Glied oder nur an bestimmten Stellen streicheln. Missbrauch bleibt Missbrauch weil der Täter sich über das Kind und dessen Gefühle hinwegsetzt.

Als Kind weiß man nicht was da mit einem passiert da man es ja nicht artikulieren kann. Man weiß nur dass da etwas ganz Schreckliches passiert.

Das Urvertrauen mit dem ich geboren wurde, ist zutiefst zerstört. Ich wurde vom Täter, meinem Opa, erpresst. Erinnerungen kommen hoch. Mit meiner Mama oder mit meiner Schwester würde etwas Schlimmes passieren wenn ich jemandem etwas erzähle. Diese Sätze haben mich wahrscheinlich davon abgehalten mich jemanden anzuvertrauen. Dass die Erpressung genauso gelautet hat wurde in einer Therapiesitzung bestätigt als man mich zum wiederholten Mal danach gefragt hat und ich aus einem Impuls heraus den gleichen Wortlaut gebraucht habe. Auch streicheln oder berühren, falls das so gewesen sein sollte, ist ein körperlicher Übergriff auf die Gefühle und ein Verletzen derer. Es gibt keinen harmlosen Missbrauch. Das muss ich mir immer wieder klar machen wenn ich anfange alles zu bagatellisieren.

Werde ich diese seelischen Narben immer behalten? Mein Opa hat mich ausgenutzt und meine kindliche Neugier auch.
In meiner Ehe 1995 bis 2002 andauernde Benommenheit.
Die mit solchen Erfahrungen verbundenen Gefühle und Empfindungen sind mehr, als die sich erst entwickelnde Fähigkeit eines Kindes dies aufzunehmen und zu verstehen, verkraften kann. Die Gefühle sind zu intensiv, die Erfahrungen zu bestürzend, vor allem wenn der Täter einen zwingt, sich keinem anzuvertrauen.
Um diese emotionale Belastung zu bewältigen begann ich ein neues Kind zu erschaffen.

Komischerweise habe ich bei Beginn der zweiten Therapie auch keine Erinnerungen mehr an meine Kleinkindheit, Kindergartenzeit oder Einschulung.
Ich habe irgendwann ein neues Ego erschaffen, das alle alltäglichen Dinge erledigt ohne Gefühle.
Verhaltensmuster - immer perfekt sein
mir keine Pausen gönnen
immer besser sein als andere
viel arbeiten um Zuneigung zu
bekommen
Diese Verhaltensmuster sind entstanden, da ich bei meinem Opa immer weggehen durfte, um auf dem Bauernhof meiner Tante zu helfen. Habe da viel mehr geholfen und gearbeitet, als es normal gewesen wäre für ein kleines Mädchen.

Krampfen bedeutet für mich nicht missbraucht zu werden

Hat meine Tante, die wusste wie Opa ist, mich geopfert? Warum hat sie nie jemanden gewarnt? Hätte sie mich schützen können?
So viele Fragen. Warum hat meine Mama nie was gemerkt?
Ich habe sensationelle schauspielerische Fähigkeiten entwickelt.

Haben meine Eltern deswegen nie etwas gemerkt?
Die kleine Maria schläft immer noch, damit sie den Konflikt und den Schmerz nicht an sie heranlassen muss.

Ziel der Therapie, so stelle ich mir das vor, ist aus den zwei Seelen Marias eine gesunde Seele zu machen. Braucht ganz viel Zeit.
Ich entdecke jeden Tag etwas an der kleinen Maria.
Z.B. nuckle ich am Daumen wie ich es bis ins Teenager-alter getan habe oder ich sitze zusammengekauert irgendwo und schreie nach Mamas Hilfe.

Die eigentliche Frage, die immer wieder kommt: bin ich verrückt?
Diese Frage liegt allem zugrunde.
Ich spüre Angst, habe Zwänge, Zukunftsängste Verwirrung aber auch eine enorme Kraft und die Fähigkeit zu kämpfen. Ich weiß ja, wie das geht, mit brutalen Erfahrungen umzugehen. Was ich in diesen Tagen auch spüre ist die Sehnsucht, das große Bedürfnis, das so lange gehütete Geheimnis ans Licht zu bringen. Oder der immer wiederkehrende Gedanke: Bin ich selber schuld an allem?
Ich wurde mit Drohungen und negativen Bot-schaften über mich selber derart manipuliert, dass ich nur allzu schnell bereit war, mich selber anzuklagen statt andere. Ich verspüre keine Wut anderen gegenüber. Kommt die noch?
Ich brauche immer wieder Bestätigung, dass das, was ich durchmache alles Reaktionen auf meine Erfahrungen sind und ich völlig normal reagiere.
Sexueller Missbrauch zerstört alles. Er verletzte mich in meiner Substanz und erzeugte in mir eine nur zu verständliche Abwehrhaltung gegen alles was mit großem Vertrauen zu tun hat. Weil ich von meinem Opa, dem ich ja zu gehorchen und zu glauben gelernt hatte, oft missbraucht wurde, habe ich meine Fähigkeit zu vertrauen praktisch grundlegend zerstört. Es gab keinen anderen

Ausweg als fortzugehen. Wohin weiß ich nicht. Keinen Weg irgendwie damit umzugehen, also Flucht (schlafende kleine Maria).

Ich muss lernen, dass ich mir vertrauen kann und anderen vertrau-
en darf und dass das nicht bedrohlich für mich ist. Mir wurde ja
als Kind gesagt: sprechen bedeutet Tod.
Ich war und bin eine Fassade. So habe ich mich jahrzehntelang der
Außenwelt gezeigt. Gedächtnisverlust und Verlust jeglicher Gefühle. Ich war jederzeit in der Lage mich meiner Umgebung als nor-
male und angepasste Frau zu präsentieren. Alle hielten mich für
eine Frau die alles immer im Griff hat. Meine lange Aufgabe war
es, die Folgen des Missbrauchs vor der Außenwelt zu ver-bergen
und damit den anderen zu ermöglichen unentdeckt zu bleiben.
Ich denke, dass niemand dem nicht etwas Ähnliches passiert ist
ermessen kann, wie viel Kraftanstrengung ich täglich aufbringen
musste um den Alltag zu meistern.
Alleinerziehend, Festanstellung, Nebenjob aber habe nach außen
hin habe ich ein normales Leben
geführt, nur dass es für mich sehr viel anstrengender war als für
andere. Ich weiß jetzt auch das viele Opfer angesichts dessen was
sie dauernd als Schwäche, als Versagen empfinden, nach Perfekti-
on streben.

Blitzgedanke: Vor langer Zeit und doch ganz nah.
Ein ganz neuer Gedanke: Ich fühle mich trotz allem gesegnet ob-
wohl ich ein Leben geführt habe oder führe das ich so nicht will.
Ich weiß, mit mir hat Gott noch viel vor. Manchmal habe ich sogar
das Gefühl ich darf Opa danken für alles was er mir angetan hat.
Was ist denn das für ein verrückter Gedanke?
Wenn man die Schuld auf niemanden schieben kann, so wie in mei-
nem Fall, schiebt man die Schuld einfach auf sich, deshalb haben
Missbrauchsopfer auch oft so große Schuldgefühle. Hat sich bei

mir so fest manifestiert, dass ich bis heute die Schuld für alles was passiert auf mich schiebe. Folge daraus ist auch, dass ich in allen Menschen immer nur das Gute sehe – schuldig ist ja keiner – nur ich – nehme immer alle in Schutz auch wenn sie etwas Schlimmes getan haben.

09.03.2012
Meine Todessehnsucht nimmt zu.

10.03.2012
Habe geträumt, dass mein Sohn Elias ertrinkt. Hatte schreckliche Angst um ihn. Er kann sich im Traum selber retten und mir wird zum ersten Mal bewusst wie sehr ich ihn liebe.

11.03.2012
Frage mich mehrmals täglich wem ich alles erzählen kann. Habe immer das Gefühl ich muss mich recht-fertigen weil ich arbeitsunfähig bin. Die einfache Diagnose Depressionen reicht mir nicht. Als ich im Februar von der Firma nach einem Zusammenbruch nach Hause ging, dachte ich das ist jetzt das tiefste Loch. Habe mich geirrt. Am 8. / 9. und 10. März wurde es noch schlimmer. Das war nach einer Therapiesitzung in der es um die Schuldgefühle ging. Da wurde mir nochmal erklärt warum ich mich so schuldig fühle.

Meinen Partner, mit dem ich jetzt ca. 18 Monate zusammen bin, verlässt langsam die Kraft. Er weiß nicht mehr wie er sich mir gegenüber verhalten soll. Kommt es jetzt wieder zu einer Trennung? Warum bin ich nicht fähig eine Beziehung zu führen?

***

17.03.2012

Am 15.03. bin ich zu meiner Tante gefahren nachdem ich am Tag zuvor in einer Therapiesitzung einen Aha-Effekt erlebt habe. Ich war mir plötzlich ganz sicher, dass mein Opa mit meiner Tante auch Dinge gemacht hat die nicht in Ordnung waren.
Ich weiß nicht woher ich plötzlich diese Sicherheit hatte. Sie war einfach da.
Meine Vermutung war richtig. Ihr erster Satz war: „unser Opa war ein Schwein". Da war mir alles klar. Sie hatte so wie ich bis heute noch nie mit jemandem darüber geredet. Sie sagte ich hätte ihr mit meiner Konfrontation eine sehr große Last von den Schultern genommen da auch sie immer dachte sie sei verrückt. Endlich weiß sie dass sie das nicht ist. Sie hat schon immer schlimme Träume seit ihrer Kindheit. Immer wieder sieht sie Opa in einer sexuellen Stellung über sich.

Jetzt sind wir schon zu dritt.
Ich und meine beiden Tanten.

20.03.2012

Am 19.03.12 war ich bei meiner früheren Therapeutin bei der ich 1998 und 1999 meine letzte Therapie gemacht habe.
Ich kann mich an diese Zeit, in der ich auch schon so krank war, gar nicht mehr erinnern. Habe sie dann angerufen und gefragt ob sie noch Unterlagen hat die sie mir zur Verfügung stellen könnte. Nein, hat sie nicht mehr da die Aufbewahrungszeit schon abgelaufen ist. Dann hat sie mir einen Termin angeboten, um mit mir über diese Zeit zu reden da sie sich noch gut an mich erinnern könne. Bin dann heute zu ihr gefahren. Sie wusste wirklich noch Dinge die ich schon längst wieder verdrängt hatte.
Ich kam damals mit denselben Symptomen zu ihr.
- Gefühllosigkeit (Partner und Sohn)

- Zwänge
- Ängste

Ich wusste aber am Anfang der Therapie noch nichts von dem Missbrauch.

Wir haben uns dann eine Stunde über mich und meine vielen Fragen zu der damaligen Phase unterhalten. Als ich dann zu Hause war hatte ich einen erneuten Zusammenbruch (schlimme Suizidgedanken).

Am selben Tag 19.03.12 habe ich meinem Sohn erzählt was mit mir los ist.

Er wunderte sich immer nur, warum ich mich so viel wasche. Ich weiß nicht inwieweit er mit fünfzehn schon begreifen kann was mit mir gerade passiert aber ich spüre, dieser Tag ist das Ende von Elias Kindheit.

Habe mich nach diesem erneuten Zusammenbruch entschieden einen Klinikaufenthalt zu machen (erste Infos usw).

Habe mich auch an diesem Tag nochmals bei meiner Tante, die ich vor wenigen Tagen besucht habe, telefonisch erkundigt wie es ihr geht. Sie hat sich wiederholt bei mir bedankt, dass ich ihr alles erzählt habe. Sie geht in die volle Offensive. Meine Tante hat gleich am nächsten Tag ihre Familie eingeweiht und einen Arzt besucht.

Ich habe heute meinen Chef angerufen und ihm mitgeteilt, dass ich noch sehr lange ausfallen werde. Habe auch ihm ganz grob erzählt was mir wiederfahren ist. Danach habe ich bei meinen Mandanten, die ich bisher immer noch betreut habe, um Verständnis gebeten, dass ich mich um sie in den nächsten Monaten nicht kümmern kann.

Diese Aktionen waren für mich ganz wichtig. Ist für mich eine große Erleichterung den Druck loszuwerden.

Dann erste Versuche von meiner Mama, mich zu unterstützen. Langes Telefonat mit meinem Bruder. Er sagt, ich soll mir ganz lange

Zeit lassen für alles auch wenn es viele Monate dauern wird. Seine Worte: Ich würde es nie bereuen wenn ich jetzt meine Vergangenheit komplett „aufräume".

Ich merke, dass ich sehr viel Mitgefühl von anderen bekomme. Habe immer gedacht in unserer Gesellschaft darf man nicht schwach sein. Stimmt aber nicht, das lerne ich täglich.
Alles fällt mir so schwer!
Habe kein Zeitgefühl mehr sitze manchmal da denke es sind ein paar Minuten vorbei und tatsächlich sind es Stunden!
Jede Alltagssituation ist für mich eine große Anstrengung.
Ich fühle mich so nutzlos wenn ich nicht in die Firma gehe. Kann mir aber auch nicht vorstellen in das Büro zu gehen.

21.03.2012
Du bist dein bester Freund. Sei nett zu dir! Ich entlasse meine schlimmen Gedanken jetzt mit der Zuversicht dass eine Lösung für mich bereits auf dem Weg ist. Ich warte darauf, dass mein Vertrauen in mich und meine Fähigkeiten wieder wächst und mein Leben wieder angenehmer wird. Ich versuche, meine Vergangenheit für mich anzunehmen und wage mich jetzt an einen neuen Anfang. Kann ich das? Ich versuche Traurigkeit und Schmerz abzulegen und als neuer positiver Mensch in die Welt hinauszugehen.

Ich freue mich auf mein neues Leben!
Möchte Fortschritte machen und bin deshalb hellwach für alle Gelegenheiten die sich auftun.
Maria glaube an dich - du hast es schon einmal geschafft.
Die schlimmen Zwänge die mich völlig beherrschen lassen langsam nach. Das Medikament Fluoxetin gegen Zwänge wirkt gut bei mir.

26.03.2012

Warum ist meine Beziehung zu meinem Partner so am kriseln? Heute in der Therapie haben wir besprochen was die Ursache sein könnte. Mein Selbstwertgefühl; nicht zu verwechseln mit Selbstbewusstsein.

Da ich mich nicht als wertvoll empfinde kann ich mich auch keinem anderen zumuten. Deshalb habe ich Gedanken an eine Trennung. Bevor er sich von mir abwendet trenne ich mich von ihm, damit man mich nicht wieder verletzen kann. Ich überlasse die Entscheidung über mich keinem anderen Menschen mehr. Ich habe meinem Partner immer eingeredet dass ich ihn nicht brauche weil ich immer denke, ich muss alles alleine schaffen d. h .von niemandem Hilfe brauche. Ich bin es nicht wert, dass andere sich um mich kümmern.

27.03.2012

Was mich so furchterregend macht, ist vor allem das Rätsel wer ich bin. Was bleibt noch von mir übrig? Ich weiß nicht woher der Gedanke kommt aber ich stelle ihn nicht in Frage.

31.03.2012

Am Freitag 30.03.12 haben mein Freund und ich uns getrennt. Er hat sich von mir entfernt, weil er nicht weiß wie er mich behandeln soll und darf. Wie soll ich das jetzt auch noch verkraften? Habe ich noch genug Kraft um das auch noch zu verarbeiten?

Wann entdecke ich meine Fähigkeit fröhlich zu sein, zu lachen und nicht nur Finsternis zu sehen und Kälte zu spüren wieder? Ich möchte, dass der Fluss aus Trauer in dem ich schon so lange treibe austrocknet.

Lieber Gott ich weiß nicht ob du da bist. Aber wenn ja dann mache irgendetwas. Ich halte das nicht mehr lange aus.

02.04.2012

Heute habe ich die ersten schriftlichen Aktionen gestartet die man erledigen muss wenn man einen Klinikaufenthalt machen möchte bzw. muss.

05.04.2012

Ich war vom 03.04.-05.04.12 bei meinem Bruder in Stuttgart. Kann zurzeit nicht so gut alleine sein. Dort herrsch das pure Leben nach dem ich mich so sehne. Hat mir gut getan so liebe Menschen um mich zu haben.

06.04.2012

Heute ist Karfreitag. Bin froh, dass ich mit meinen Eltern zu meiner Schwester, die weiter weg wohnt, fahren darf. Habe zurzeit große Angst vor dem alleine sein. Wenn ich allein bin habe ich immer so große Todessehnsucht. Danke an meine Familie.

Habe mich mit der Krankheit Depression als Folge meiner Vergangenheit auseinander gesetzt. Konnte diese Krankheit für mich bisher nicht annehmen.

Was sind Depressionen und wie empfinde ich sie? Versuche es mal mit meinen Worten zu erklären: Eine Depression ist eine Ganzkörpererkrankung. D.h. Die körperliche Gesundheit ist genauso beeinflusst wie Gefühle, Gedanken, Emotionen und das Verhalten anderen gegenüber. Depression ist viel mehr als eine längere Phase der Traurigkeit.

Leere
Gefühl von Gleichgültigkeit
Wertlosigkeit
Apathie
Verlust der Freude an allem auch an alltäglichen
 Dingen

Auswirkung auf Schlaf, essen, denken....
innere Unruhe die nie aufhört
Hilflosigkeit
andauernde Müdigkeit
Störung des Nervensystems, Aussetzer usw.

All das empfinde ich.

Missbrauchsopfer haben lebenslänglich!
Nicht alle sind glücklich die glücklich scheinen. Manche lachen nur, um nicht zu weinen.

11.04.2012

Die Schatten der Vergangenheit können ihre Macht nur dann verlieren wenn sie ans Licht kommen. Es hat keinen Sinn, jetzt mit der Therapie oder mit darüber zu reden aufzuhören. Heilung kann bei Missbrauch erst einsetzen wenn man sich erinnert. Zeit heilt alle Wunden – aber das gibt es bei Missbrauch nicht.

Missbrauch durchdringt alles. Das Selbstwertgefühl, Beziehungen, Sexualität, Mutterschaft, Arbeitsleben usw. Seine Auswirkungen sind überall.

Das ganze Leben ist für einen Menschen der in der Kindheit sexuell missbraucht wurde emotional eine „Verstellung".

Ich muss mich an das, was ich erlebt habe, wieder erinnern. Es muss sogar „wiedererinnert" werden, damit der Terror ein Ende findet, der in meiner Psyche noch immer jeden Tag aufs Neue wirkt.

Warum ist das alles so schlimm für mich?
Ich versuche hier mal mit meinen Worten alles zu erklären.
Meine Psyche hat die Aufgabe mich vor seelischer Überforderung in einer Extrembelastung zu schützen. Verschiedene Schutzme-

chanismen führten dazu, dass ich nicht nur die Situation selber psychisch überlebte, sondern dass ich auch danach weiter funktionieren konnte.

In meiner traumatisierenden Situation musste mein Gehirn in kurzer Zeit sehr viele angstbesetzte Eindrücke aufnehmen. Da ich das aber nicht konnte habe ich es zwar aufgenommen aber nicht verarbeitet, bewertet oder einsortiert.

Die Bedeutung des Missbrauchs und deren Eindrücke waren für mich viel zu schlimm, als dass ich sie im Moment des Geschehens begreifen konnte. Das ist meine posttraumatische Belastungsstörung.

Bei einer posttraumatischen Belastungsstörung handelt es sich bei mir um eine Reaktion auf das belastende Ereignis. Mit der Erkenntnis, wie sehr ich verletzt wurde, beginnt ein furchtbarer Prozess. Vor diesem Verwandlungsprozess habe ich große Angst. Ich muss mich stärken damit ich das durchstehe.

Das alles nochmal zu durchleben, ist ein sehr schmerzhafter Prozess, aber nur, wenn ich durch diesen alten Schmerz hindurch gehe, kann die Heilung einsetzen.

15.04.2012

Bin immer wieder überrascht wie viele Menschen sich um mich kümmern.

Familie und Freunde. Ich höre sehr oft „du bist nicht allein" schrecklich mir vorzustellen, dass es Menschen gibt die das alles alleine durchmachen müssen.

17.04.2012

Mir fällt gar nichts ein. Bin relativ ruhig. Wahrscheinlich muss ich erst wieder Kraft sammeln bevor es weiter geht. Wenn ein Mensch viel weint bedeutet das nicht, dass er schwach ist. Nein, es bedeutet einfach, dass er momentan mehr fühlt als seine Seele verkraften kann.

22.04.2012

Wenn ich traurig bin und sterben will, denke ich an die, die traurig sind weil sie sterben müssen.

Bin auf der Suche nach einer passenden Klinik für mich. Ist das ein Dschungel!

Stundenlange Suche im Internet ...

Am 30.03.12 habe ich durch einen guten Freund Michael kennengelernt. Könnte für mich ein sehr wichtiger Mensch werden. Schauen wir mal.

Ich habe dauernd ein Bild im Kopf. Oma, Opa und ich in der Küche und ganz viel Rauch. Was ist denn das schon wieder?

Es ist doch schon so lange her und trotzdem zerstört es immer noch alles. Ich bin es gerade leid, mich den Gedanken daran zu stellen, zu erklären und nicht verstanden zu werden. Ich bin einfach so müde, dass die Gedanken an Selbstmord immer näher kommen und das macht mir Angst.

Nach außen wirke ich stark. Aber ich denke oft, dass mich keiner kennt und es deshalb auch kein Verlust wäre für die Menschen, wenn es mich nicht mehr gäbe. Mich gibt es ja gar nicht - nur meine Fassade.

Ich bin nicht da, bin mich suchen gegangen!

Wenn ich wieder da bin, bevor ich zurückkomme,

sag' mir, ich soll auf mich warten.

Heute ist der 22. April. Meine Depressionen schlagen heute völlig zu, Bin nicht in der Lage aufzustehen. Meine Freunde wollten heute was mit mir unternehmen aber ich habe einfach keine Kraft dazu. Ich höre auf meinen Körper und ruhe mich aus in der Hoffnung, dass es morgen wieder besser ist.

Frau Dr. Maurer, bei der ich die Gesprächstherapie mache, hat mir heute erklärt warum ich so gelassen auf die Trennung von meinem Partner regiert habe. Mein Schutzmechanismus hat richtig gut regiert. Weil ich das jetzt nicht auch noch aushalten kann verdränge ich das erst mal.

Habe heute schon den ganzen Tag das Gefühl das irgendwas passiert. Bin sehr unruhig. Warte ich auf die große Wut vor der ich mich so arg fürchte. Wann kommt sie, kommt sie überhaupt und wenn ja wie wird sich das anfühlen und warum hatte ich bisher noch keine. Das sind heute meine Gedanken.

25.04.2012
Grundlos glücklich.
Ich habe seit langem mir gegenüber kein liebevolles Gefühl mehr gespürt. Heute kommt das zurück, wahrscheinlich deswegen, weil ich einfach nicht so viele positive Gefühle habe und die die ich habe wurden für andere verbraucht (Partner). Jetzt bin ich alleine.

28.04.2012
Am 26.04.12 habe ich mich zwei guten Freundinnen anvertraut. Ich mag einfach nicht mehr lügen wenn ich gefragt werde wie es mir geht. Auch hier wieder sehr viel Verständnis.
Einen Tag später habe ich Michael, den ich gerade erst kennengelernt habe, alles erzählt, weil ich das Gefühl hatte, ich muss ihm mitteilen was mit mir los ist und dass ich aus all diesen Gründen momentan keine richtige Beziehung führen kann. Es war mir ein großes Bedürfnis ihm das alles zu sagen. Mag einfach nicht mehr lügen bzw. Dinge verheimlichen.
In den Gesprächen mit meinen beiden Freundinnen haben auch sie mir sehr persönliche Dinge anvertraut. Ich lerne, wenn man sich

öffnet, öffnen sich auch die Mitmenschen. Ich fühle mich sehr geehrt weil man mir so viel Persönliches anvertraut hat.

Am 27.04.12 hat mir Michael gesagt, dass er sich in mich verliebt hat. So ein Mist. Hätte ihn gerne als sehr guten Freund gehabt. Mal schauen was passiert.
Habe heute meine Mama gefragt wie ich als Kind war. Sie sagte mir, dass ich immer ein fröhliches Kind war das viel gelacht hat. Warum wundert mich das nicht?

30.04.2012
Zeit heilt nicht alle Wunden - man gewöhnt sich nur an den Schmerz.

04.05.2012
Danke an Michael. Durch dich lerne ich, dass man Gefühle haben darf und vor allem dass man über sie reden darf ohne das etwas Schlimmes passiert. Alleinsein kann ohne alleine zu sein. Eine wichtige Erfahrung für mich: reden bedeutet, nicht zu sterben.
Opa, Oma und ich immer noch in der Küche mit viel Rauch. Ich sehe mich jetzt viel klarer. Oh Gott, war ich noch klein!
In der Therapie hat mir Frau Dr. Maurer erklärt dass das eine Deckelsituation war.

***

05.05.2012
Heute bekomme ich Besuch von der Personalchefin. Bin sehr nervös.

Sie war da. Wir hatten ein sehr angenehmes Gespräch. Habe ihr meine Geschichte erzählt. Auch von ihr habe ich sehr viel Verständnis bekommen. Ihr Besuch sollte mir in erster Linie meine

Zukunftsängste in beruflicher Hinsicht nehmen. Haben diverse Möglichkeiten für meine Rückkehr an den Arbeitsplatz besprochen. Ist eine große Erleichterung für mich zu wissen, dass ich mich komplett auf meine Heilung konzentrieren kann, egal wie lange das dauert. Ich werde nicht gekündigt und kann jederzeit dorthin zurückkommen.

Liege mit Michael in seiner Wohnung und er liest meine Befunde und einen Teil dieses Buches. Seine Reaktion?
Konnte nicht alles auf einmal lesen. Möchte an einem anderen Tag weiterlesen. Waren vermutlich zu viele Eindrücke auf einmal.

07.05.2012

Heute ist Papas Geburtstag. Habe große Angst vor dem Tag. Wenn ich hingehe werde ich zum ersten Mal seit meinem Outing auf die ganze Verwandtschaft treffen. Bin ich stark genug das alles durchzustehen?
Ich habe so ein großes Bedürfnis allen einmal mitzuteilen, wie schlecht es mir wirklich geht. Auf Verständnis und Schutz zu hoffen ist wohl eine Illusion, da alle ja so eine große Schutzmauer aufgebaut haben, bezogen auf das, was in unserer Verwandtschaft passiert ist, die ich wohl nicht durchbrechen kann. Mal schauen was passiert. Habe ich mich im Griff?

08.05.2012

Einen Tag nach dem Geburtstag.
Habe es geschafft, bin von Anfang bis zum Schluss dort geblieben. Habe so getan, als ginge es mir gut. Warum?
Darauf habe ich keine Antwort. Aber ich denke, um die anderen zu schützen habe ich mich so verhalten. Wenn sie sehen wie toll es mir geht müssen sie sich keine Sorgen um mich machen. Aber will ich das überhaupt?

NEIN !!!
In Hollywood hätte ich einen Oscar bekommen für meine schauspielerische Leistung.

14.05.2012

Was ist das Vermögen meiner Seele?
Ich glaube, dass mein Humor mein Schatz ist das alles auszuhalten. Ja, da bin ich mir ganz sicher. Wann fange ich an zu hassen
oder kommt das Gefühl überhaupt einmal?
Ich spüre, dass es noch nicht ganz nahe ist. Ich kontrolliere ständig meine Gedanken und passe auf, dass sie nicht außer Kontrolle
geraten.
Mein Vulkan in mir bricht bald aus. Kann das bald nicht mehr un-
terdrücken. Wie wird sich das für mich anfühlen? Habe große
Angst.
Thema inneres Kind:
Heute bin ich groß und heute kann ich manchmal darüber sprechen:
heute kann ich mir manchmal Mut machen
heute kann ich mir Hilfe holen
heute kann ich darüber nachdenken
heute bin ich manchmal traurig
heute bin ich manchmal gelähmt vor Angst
heute bin ich manchmal in meinen Gedanken gefangen
heute bin ich ganz klein
heute weine ich um die kleine Maria von damals

16.05.2012

Große braune Kinderaugen gehen heute weinend durch die Welt.
Kann es immer noch nicht glauben, wie tief die kleine Maria in mir
wegen dir noch immer fällt.
Heute in der Therapie habe ich Frau Dr. Maurer erzählt wie ich
mich an Papas Geburtstag vor der ganzen Verwandtschaft verhal-

ten habe. Sie hat mich mal wieder durchschaut und mein Verhalten wie folgt interpretiert: Dass ich allen vorgespielt habe, dass es mir gut geht liegt eindeutig daran, dass ich mir den Schuh, ich hätte die Verwandtschaft zerrüttet, nicht anziehen wollte. Indem ich so getan habe als sei alles in Ordnung, habe ich die Verantwortung zu meinem Schutz nicht angenommen. So nach dem Motto, so ihr Lieben, ich bin an der Familienkatastrophe nicht schuld, schaut ihr mal wie ihr so weiterleben könnt.

Schaut mal wie weit ihr noch kommt mit eurem Verhalten und Schweigen.

Da ich nicht das gemacht habe, nämlich alle zu konfrontieren, liegt daran, weil ich mich noch nicht stark genug fühle mich dann auch noch zu verteidigen. Ich würde beim kleinsten Widerstand zusammenbrechen und würde wieder in die Rolle der kleinen Maria feststecken der niemand glaubt. Die Angst davor ist viel zu groß, als dass ich dieses Risiko eingehe.

Ergebnis: Ich schütze mich soweit es geht, damit ich nicht zusammenbreche.

Flashback:
Er ist bei mir.
Jeden Tag, jede Stunde, jede Minute.
Er fasst mich an, aber das reicht ihm nicht - ich kann aber nicht vor ihm fliehen.
Er ist immer bei mir.
Jeden Tag, jede Stunde, jede Minute.
Ich bin in meinem eigenen Körper gefangen mit ihm in meinem Kopf. Therapeuten nennen das Flashback, ich nenne das die Hölle auf Erden.

20.05.2012

Gestern war Mamas Geburtstag. Ich habe mein Schauspiel fortgesetzt.

Meine Kinderaugen weinten trocken
Meine Kinderseele schrie stumm
Meine Kinderseele starb leise
Warum hat man zugelassen,
dass man mir so weh tut?

24.05.2012

Flashback (übersetzt heißt das: blitzartig zurück)
Ein Flashback, sinngemäß heißt das, etwas wieder zu erleben, ist ein psychologisches Phänomen, das durch einen Schlüsselreiz hervorgerufen wird. Man hat dann ein plötzliches, kraftvolles Wiedererleben eines vergangenen Erlebnisses, das man bisher verdrängt hatte.

Am 23.05.12 erlebte ich einen solchen Flashback. Ich war in der Therapie, saß auf dem Stuhl und plötzlich war Opa hinter mir. Habe ihn genau erkannt und konnte sein Aussehen und seine Kleidung beschreiben. Dann bekam ich einen Weinkrampf und habe meine Therapeutin angeschrien. Ich warnte sie, dass sie mir ja nicht zu nahe kommen soll sonst würde ich nach ihr schlagen. Ich war völlig außer mir.
Ich hatte in diesem Moment ein großes Bedürfnis abzuhauen, blieb aber sitzen.
So ein Flashback dauert höchstens drei Minuten, mir aber kam es vor wie eine Ewigkeit.
Auch als dieser Flashback vorbei war musste mir meine Ärztin noch mehrmals bestätigen, dass wir alleine im Raum sind. Das war alles so schrecklich für mich.

28.05.2012
Pfingsten 2012.
Elias ist mit Freunden nach England gefahren. Und ich?

Bin am Freitag zu Michael. Jetzt ist Montag und ich bin immer noch bei ihm. Hatte nicht ein einziges Mal das Bedürfnis allein zu sein. Ich habe gelernt, dass wenn man fliehen möchte und trotzdem bleibt, nichts Schlimmes passiert und mir nicht wehgetan wird. Eine sehr wichtige Erfahrung für mich. Schon wieder bin ich Michael unendlich dankbar. Er beschützt mich ohne mich zu besitzen. Ich bewundere seine innere stille Größe.

In den letzten Tagen habe ich mich mit zwei Themen auseinander gesetzt.
Ich habe mich intensiv bemüht eine Selbsthilfegruppe zu finden, was mir dann auch gelungen ist. Nach großer Überwindung habe ich dort angerufen. Barbara, die Gründerin der Gruppe sexuell missbrauchter Frauen, hat mir auch gleich angeboten mich zu besuchen, damit wir uns vorab schon mal kennenlernen. Das Angebot nahm ich dankend an weil ich es wohl nicht geschafft hätte direkt auf die ganze Gruppe zu stoßen. Ich wusste ja auch gar nicht wie das in so einer Gruppe abläuft. Zur gleichen Zeit habe ich Herrn Scherer vom weißen Ring kennengelernt.
Ich finde es bewundernswert, dass es Menschen wie Herrn Scherer und Barbara gibt, die sich für andere so einsetzen, so selbstlos sind. Es gibt wohl doch noch Nächstenliebe unter uns Menschen. Mit Hilfe von Herrn Scherer habe ich dann alle Anträge ausgefüllt:

Antrag beim weißen Ring
Antrag für das Opferentschädigungsgesetz

Warum schafft Michael all die Dinge die meine früheren Partner nicht geschafft haben? Liegt das an seiner Persönlichkeit oder bin ich in meiner Heilung einen Schritt weiter, so dass ich das jetzt annehmen und zulassen kann? Diese Frage stelle ich mir oft. Wenn ich an die Zeit mit meinen früheren Partnern zurückdenke ist alles sehr verschwommen. Ich kann mich nur noch ganz schlecht an sie erinnern. Ist aber doch alles noch gar nicht so lange her. Frau Dr. Maurer hat mir das so erklärt: da ich in diesen Zeiten selbst ein so großes Rollenspiel gespielt habe und gar nicht ich selber war und ich mich auch in diesen Beziehungen nie wirklich wohl gefühlt habe, läuft das alles wie ein Film für mich ab. Ich wollte das ja alles gar nicht so erleben. War aber immer zu schwach eine Entscheidung zu treffen.

29.05.2012

Jedes Mal wenn ich eine Gemeinsamkeit mit Michael feststelle, spüre ich mich selbst. Und jedes Mal wenn ich mich entscheide ihn dafür zu lieben, liebe ich mich selbst ein bisschen mehr.

Das Beste was Michael und ich jetzt tun können um gegenseitige Gefühle wachsen zu lassen ist nichts Bestimmtes zu tun. Unsere Gefühle brauchen Raum und Zeit.
Ich empfinde sehr viel für ihn. Habe so was noch nie erlebt. Trotzdem denke ich oft ich bin noch nicht fähig eine Beziehung zu leben.
Zufall oder Schicksal?
„Zufall ist das Pseudonym das der liebe Gott wählt, wenn er inkognito bleiben will." *Albert Schweitzer*

Ich spüre eine große Sehnsucht in mir nach dem Leben das ich hätte führen können wenn ich nicht missbraucht worden wäre. Ich brauche mich nicht länger vor Auseinandersetzungen, Konflikten und Problemen mit mir und anderen zu fürchten, denn sogar Sterne knallen manchmal aufeinander und es entsteht etwas Neues. Heute weiß ich: das ist das Leben.

Wer den Missbrauch als Kind überlebt hat, hat auch die Kraft für die Heilung.

Das sage ich mir immer wieder wenn ich aufgeben möchte und denke ich kann nicht mehr.

31.05.0212

Heute war ich beim Landratsamt (Sozialwesen).

Ich musste der Sachbearbeiterin meine ganze Geschichte erzählen, damit sie die Anträge für das Opferentschädigungsgesetz weiter bearbeiten kann. Das Gespräch hat mich sehr getriggert. Möchte ich diesen Prozess gegen den Staat überhaupt auf mich nehmen?

Verarbeitung, das Zauberwort.

Wie kann ich alles verarbeiten?

Übersetzt für mich, wie kann ich damit leben? Verarbeitung ist meiner Meinung nach Konfrontation und Akzeptanz. Nicht mehr weglaufen von allem was ich weiß. Nicht mehr wegsehen wenn die Bilder kommen. Nicht mehr abschalten wenn Empfindungen hochkommen. Schwer, ja, aber machbar.

Am Anfang der zweiten Therapiephase gelang es mir noch gut meine Gedanken zur Seite zu schieben. Die kurzen Blitze die auftauchten einfach zu ignorieren. Ich dachte zwar oh, was ist denn das? Schob sie dann aber wie eine lästige Fliege zur Seite. Das ist jetzt nicht mehr so einfach. Mein Unterbewusstsein ist bereit, zum Bewusstsein zu werden. Alles lässt sich jetzt nicht mehr so leicht wegschieben. Die Blitze werden häufiger. So viele Fragen und keine Antworten. Ich spüre die Antworten aber schon, sie kommen immer näher und näher. Das Näherkommen macht mir

Angst. Ich will mal wieder aufgeben, aber da ist ein Teil in mir der leben möchte.

Ich bin mal wieder ein paar Tage mit meinem Sohn bei meiner Schwester. Danke, dass ich hier sein darf. Für mich ist das nicht mehr so selbstverständlich, da der Umgang mit mir zurzeit bestimmt sehr schwierig ist. Fühle mich hier sehr beschützt.

07.06.2012

Ich stehe unter Schock. Im Februar 2012 habe ich durch eine liebe Freundin in der Schweiz, Rita, eine Seherin aus der Schweiz kennengelernt. Jetzt vier Monate später haben wir uns wieder getroffen, weil sie mir etwas mitteilen musste.

Seit unserem ersten Kennenlernen weiß sie als Seherin, wann der Missbrauch bei mir begonnen hat. Sie konnte mir das aber bisher nicht erzählen, weil sie gespürt hat, dass ich einfach noch nicht soweit war. Ich hätte das im Februar, als alles noch ganz wund war, nicht verkraftet.

Ich war kein Schulkind, ich war kein Kindergartenkind. Ich war noch ein Baby, als es das erste Mal geschah. Ich bin völlig ausgerastet. Habe geweint, geschrien und um mich geschlagen.

Dann sagte ich voller Wut: „Wie kannst du so was behaupten?", und wusste gleichzeitig, dass sie die Wahrheit sagt. Ja, ich wusste das sogar schon sehr lange.

Durch ihre Worte, die wie eine Bestätigung für mich waren, bin ich so ausgeflippt. Ich konnte meinen Erinnerungen bisher einfach nicht trauen. Jetzt spricht das jemand aus. Das war zu viel für mich.

Ich war so wütend auf Rita, weil sie das ausgesprochen hatte, was ich schon immer spürte. Ich wollte auf sie zugehen und sie schlagen, so voller Wut war ich in diesem Augenblick. Nur mit Mühe konnte sie mich wieder beruhigen.

Ein paar Minuten später war ich dann völlig machtlos darüber was mit mir passierte. Eine Katze hat mich angeschaut, ich bin erschrocken, habe um mich geschlagen und behauptet, die Katze sei Opa. Habe nur geschrien: „Bringt Opa weg, bringt Opa weg." Erst als die Katze aus dem Raum gebracht wurde konnte ich mich wieder beruhigen.

Hilfe! Und wieder denke ich es geht nur abwärts. Ich versuche jetzt mit diesen schrecklichen Gedanken einzuschlafen, in der Hoffnung, die Träume werden nicht noch schlimmer als die Realität.

Was muss und was kann ich noch aushalten? Oh Gott bin ich schwach. Oh Gott bin ich stark. Ich kann den Gedanken, sich an einem Baby zu befriedigen, einfach noch nicht zulassen, einfach nicht fassen. Das Baby war ich, bin ich. Ich weiß, dass Rita und meine Schweizer Freundin große Angst haben um mich, aber sie geben mir auch die Hoffnung, dass ich das alles überstehe und sie glauben an mich.

Engel kommt zu mir heute Nacht. Nach diesem Tag brauche ich euch besonders.

Danke, ich vertraue auf euch und kann jetzt beschützt einschlafen. Ich weiß, ihr werdet nicht zulassen, dass ich mir was antue.

Wohin mit dem Schmerz der neuen Erkenntnisse?

★★★

11.06.2012

Viel Menschen sind der Meinung man kann sich nicht daran erinnern, was man als Baby erlebt hat. Wie kann daher ein Mensch Schaden nehmen, wenn der Missbrauch im Babyalter geschehen ist? Diese Meinung ist falsch. Sie rechtfertigt eines der schwersten Verbrechen die es überhaupt gibt: an den Wehrlosesten der

Wehrlosen. Da sich das Gehirn eines Kleinkindes erst noch entwickeln muss, ist ein Missbrauch in diesem Alter das Schlimmste was man erleben kann.

Warum ist das so?

Weil die Trauma-Aufarbeitung erst als Erwachsener möglich ist; Erwachsene jedoch völlig anders denken und fühlen als Babys oder Kinder. Die Integration von Babytraumata in das Alltagsleben Erwachsener ist daher extrem schwierig. Trotzdem ist es notwendig, sonst leidet man sein Leben lang an den unerklärlichen Folgen.

Die Erinnerungen eines Babys sind anders als bei einem erwachsenen Menschen, aber die Traumavorgänge finden im Gehirn genauso statt und sie schädigen einen Menschen sehr, besonders in der kritischen Entwicklungsphase, in der sich die Hirnstrukturen erst ausbilden.

12.06.2012

Liebe die Liebe! Ich versuche mich nicht mehr dagegen zu wehren.

Eines Tages wird jemand in dein Leben treten und dir zeigen weshalb es nie mit einem anderen funktioniert hat. Ist das jetzt passiert?

Heute ist ein schlimmer Tag für mich. Post von meiner Krankenkasse in der sie mir mitteilen, dass sie meine Therapiestunden so nicht bezahlen. Als ich im Dezember 2011 keine Therapeutin gefunden hatte die eine Kassenzulassung hatte, ich mich aber auch nicht auf monatelange Wartelisten setzten konnte, habe ich mich an eine Privatärztin gewandt. Telefonisch hat mir die Krankenkasse damals zugesagt, dass das so in Ordnung ist wenn ich auf die Unterversorgung im Umkreis aufmerksam machen würde.

Jetzt wollen sie davon nichts mehr wissen. Im schlimmsten Fall muss ich jetzt auch noch selber für meine Therapien aufkommen.

13.06.2012

Kein Ende schlechter Nachrichten.

Meine Therapeutin hat mich heute vorsichtig darauf vorbereitet, dass ich mir eine neue Therapeutin suchen muss, da sie ihre Praxis hier auflöst.

Habe große Angst weil ich mir jetzt wieder eine neue Therapeutin suchen muss, keine so vertrauensvolle, gute finde und ich alleine gelassen werde.

Noch mal von vorne anfangen schaffe ich nicht. Alles nochmal erzählen, alles dabei nochmal zu durchleben, das ganze Vertrauen nochmal aufbauen.

Hilfe!

Wir haben doch so gut zusammen gearbeitet.

Bitte lassen Sie mich nicht alleine mit all den offenen Wunden, die wir aufgerissen haben.

Bin heute sehr traurig und weine mich in den Schlaf.

03.07.0212

Habe endlich mein Tagebuch wieder. Ich gab es meiner Schwägerin, da sie das Buch lesen wollte. Konnte deshalb eine Zeit lang nicht schreiben, obwohl gerade so viel passiert. In der Zeit in der ich mein Buch nicht bei mir hatte habe ich gemerkt wie wichtig das Schreiben für mich ist. Natürlich hätte ich das auch später nachtragen können aber das ist nicht das gleiche für mich.

Am 19.06.12 hatte ich wieder meine wöchentliche Therapiestunde. In dieser Stunde haben wir mal zurück geschaut was wir schon alles erreicht haben. Ganz viele kleine Stufen habe ich schon genommen. Bin dann mit starken Gefühlen nach Hause gefahren.

Auf dem Heimweg habe ich noch bei meinen Eltern einen Stopp eingelegt. Meine Mama wusste bis dahin noch nicht, dass ich beim ersten Missbrauch noch ein Baby war. Auf ihre Frage wie es mir geht antwortete ich „es gibt wieder neue Erkenntnisse". Darauf ihre Antwort: „Hast du dir das mit dem Missbrauch doch alles nur eingebildet."

Ich bin dann nach Hause gefahren. In den zwei folgenden Tagen ging bei mir überhaupt nichts mehr. Ich konnte nicht mehr aufstehen nicht mal die kleinsten Aufgaben erledigen.

Was ist da mit mir passiert?

Ihre Aussage, ich hätte mir vielleicht doch nur alles eingebildet, war für mich wie wenn jemand eine Bombe in meine Treppe geworfen hätte und alles was ich bisher so mühsam geschafft hatte nun zerstört. Erst am dritten Tag, als Michael mich zum Laufen und Abendessen abgeholt hat, konnte ich mich wieder richtig bewegen.

Träume

Ich habe seit meiner Kindheit immer wieder den gleichen Traum. Ich renne ganz schnell, gebe immer alles aber ich komme nicht von der Stelle bis mich jemand einholt. Sobald ich eingeholt werde beginne ich immer zu fliegen und dann werde ich wach.

Am 26.06.12 in der Therapie haben wir versucht diesen Traum zu deuten.

In der darauf folgenden Nacht passierte was Komisches.

Ich träumte wieder dass ich ganz schnell wegrenne, weil jemand hinter mir ist und mich einzuholen versucht. Nur diesmal bin ich schneller. Ich werde nicht eingeholt, laufe dann ganz langsam weiter. Fliege nicht davon, bleibe in der Realität.

Am 26.06.12 war ich das erste Mal in der Selbsthilfegruppe. Habe mich dort sehr wohl gefühlt. Endlich mal jemanden in die Augen zu sehen der Ähnliches erlebt hat. Werde auf jeden Fall wieder zum nächsten Treffen gehen.

Telefonat mit meinem Chef. Habe der Firma mitgeteilt, dass ich in 2012 nicht mehr arbeiten kann, darf, muss....

Burnout, Depressionen, Angstattacken etc. sind keine Zeichen von Schwäche. Es sind Zeichen, dass man zu lange versucht hat stark zu sein. Stand heute in Facebook. Habe das sofort geteilt. Wer könnte das besser bestätigen als ich.

Meine Depressionen werden wieder stärker seit mir Frau Dr. Maurer gesagt hat, dass ich ab Oktober eine neue Ärztin brauche. Ihr Entschluss steht fest. Sie kann mich nur noch bis Ende September behandeln. Das verunsichert mich sehr. Ich habe das erste Mal jemandem völlig vertraut und nun werde ich wieder alleine gelassen. Ich kann sie ja verstehen aber es tut trotzdem weh.

Es gibt auch Positives.

Meine Beziehung zu Michael wird immer intensiver. Das macht mir komischerweise keine Angst mehr. Wenn ich alleine bin habe ich jetzt oft den Wunsch bei ihm zu sein. Auch das kenne ich so nicht. War bisher immer am liebsten alleine.

05.07.2012

Ich weiß, dass ein Traum nichts anderes ist, als eine mögliche Wirklichkeit, die nur darauf wartet stattzufinden. Aber sie wartet nicht ewig. An irgendeinem Punkt muss man seinen Träumen helfen den Übergang in die Wirklichkeit zu schaffen, sonst verblassen sie früher oder später.

Einer meiner großen Träume ist es ein Buch zu schreiben. Dieser Traum setzt sich immer mehr in mir fest. Irgendwie denke ich muss doch aus all dem Schlimmen noch was Gutes hervorgehen. Mit etwas Gutes, meine ich ein Buch für andere Opfer zu schreiben, in

dem ich alles erzähle und anderen dadurch helfe. Seht, man kann alles schaffen und seht, schreiben kann auch heilen.
Niemals aufgeben.
Es gibt immer wieder gute Menschen die uns helfen. Man muss es nur zulassen.

This is my big dream!
Wenn ich es schaffe andere Opfer zu erreichen, jemanden lehre zu sprechen oder sich nicht umzubringen, dann hat mein Leben einen Sinn.

06.07.2012
Jetzt geht die Therapeutensuche wieder los. Heute hab ich im Internet eine Liste der Ärztekammer mit allen zugelassenen Therapeuten gefunden. Werde dieses Mal auf jeden Fall eine Therapeutin nehmen die eine Kassenzulassung hat damit ich nicht wieder diesen Kampf mit der Krankenkasse durchstehen muss.
Jetzt ist Abend. Bin völlig erledigt. Habe den ganzen Tag Telefonate geführt mit Therapeuten, die in meinem Umkreis sind. Mist, entweder sie sind nicht spezialisiert, konnte nur mit dem Anrufbeantworter reden, haben keine Kassenzulassung oder sie haben monatelange Wartezeiten. Langsam macht sich Panik in mir breit. Was ist wenn ich niemand finde der mit mir weiter arbeitet wenn Frau Dr. Maurer weg ist.

07.07.2012
Das Telefon klingelt. Hurra, ein Rückruf einer Therapeutin der ich gestern auf den Anrufbeantworter gesprochen habe. Sie hätte ab Dezember einen Therapieplatz frei. Wenn ich möchte können wir uns kennenlernen. Hab ich eine Wahl, natürlich nicht. Ein Lichtblick. Die Aussicht nicht weiter therapiert zu werden war für mich schrecklich.

12.07.2012

Rückwärtsträume! Was geht denn jetzt ab?
Seit ungefähr zwei Wochen träume ich mein Leben nochmal durch.
Ganz chronologisch rückwärts. Erst alle Beziehungen angefangen
mit meinem Jugendfreund bis heute und alle Jobs die ich bisher
ausgeübt habe. Angefangen mit meiner Ausbildungsstelle bis heu-
te.
All das sind keine besonders schlimmen Träume, eher realistisch.
In den Träumen wird mir aber bewusst wie oft ich unglücklich war.
Vor drei Tagen ging es weiter rückwärts. Ich bin im Traum wieder
ein Teenager, Schule, Vereine usw. Habe jetzt natürlich große
Angst, dass ich bald von meiner Kindheit träume. Wie kann ich das
Träumen stoppen damit ich nicht von der schlimmen Zeit des
Missbrauchs träume?
Meine Therapeutin und ich haben schon oft festgestellt, dass ich
sehr viel nachts verarbeite. Sie beruhigte mich auch in dem sie mir
erklärte, dass die Träume über den Missbrauch erst dann kommen,
wenn ich bereit dafür bin. Ich hoffe ich kann mich darauf verlassen.

15.07.2012

So schlecht habe ich mich schon lange nicht mehr gefühlt. Heute
bin ich bei Michael einfach abgehauen. Tschüss und weg. Das erste
Mal, dass ich bei ihm war und mich das Bedürfnis alleine zu sein so
überrumpelt hat, dass ich nicht anders konnte. Geht das jetzt
wieder los? Ich bin sehr traurig über mein Verhalten, habe ununterbrochen Tränen in den Augen. Ich habe mir so sehr gewünscht,
dass der Drang abzuhauen nicht mehr kommt. Habe ich einen Fehler gemacht? Hätte ich trotz allem bleiben sollen? Fühle mich auch
sonst sehr schwach.
Heute war die Firmung meines Patenkindes. Hatte nicht die Kraft
ein Familienfest zu überstehen.

Am 12.07.12 habe ich meiner Mutter erzählt, dass ich mich wieder schlechter fühle und alles wieder ganz schlimm für mich ist. Ihre Reaktion: „was hat dir die Therapeutin jetzt wieder eingeredet?" Meine Seele ist im Ausnahmezustand. Am liebsten würde ich jetzt von der Erde fallen, doch ich muss doch mein Leben leben. Ich darf nicht selber entscheiden wann ich gehen möchte.

„Mancher Schmerz ist so groß, dass das Auge keine Träne weinen kann, sondern nur das Herz leise blutet."
Anja Lambers

Ich habe gelernt das zu ertragen, Schmerz zu verbergen und mit Tränen in den Augen zu lachen nur um anderen zu zeigen, dass es mir „gut" geht und um sie glücklich zu machen.
Heute aber habe ich das nicht geschafft, und damit Michael meine große Traurigkeit nicht bemerkt bin ich einfach gegangen.

„Wenn ich mal sterbe komme ich in den Himmel, denn in der Hölle war ich schon zu lange."
Verfasser unbekannt

Manchmal, wenn ich auf die Frage „wie geht es dir?" sage „gut!", wünsche ich mir jemanden, der mir in die Augen schaut und sagt: „Sag mir die Wahrheit!" Wenn ich in meinen früheren Beziehungen einfach abgehauen bin ging es mir immer gut dabei. Das ist jetzt anders. Wenn ich bei Michael gehe fühle ich mich danach immer schlechter und würde am liebsten wieder zu ihm gehen.

18.07.2012
Bin in den letzten Tagen sehr schreckhaft. Ich zucke sogar jedes Mal zusammen wenn die Glocken der Kirche läuten. Vor was habe ich Angst?

Heute habe ich zum ersten Mal Michael zu mir nach Hause eingeladen. Männer bei mir in der Wohnung zu ertragen ging bisher überhaupt nicht.

Die Einladung war ein spontaner Gedanke. Mal schauen was ich dabei empfinde.

Die kleinen Puzzleteile werden immer mehr. Ich hoffe, dass daraus mal ein vollständiges Bild wird.

Erinnerungsblitze: der Geruch einer Kinderdecke löst etwas aus; ein bestimmtes Kräutershampoo löst etwas aus usw.

Alles hat mit Gerüchen zu tun, die mich ganz plötzlich an etwas Bestimmtes aus der Kindheit erinnern möchten. Wenn ich die Gedanken dann greifen möchte, sind sie schon wieder weg.

In den vergangen Tagen habe ich mich sehr viel mit dem Thema Klinikaufenthalt beschäftigt.

Jetzt habe ich mich entschieden. Ja, ich möchte das versuchen. Möchte nichts unversucht lassen was mir helfen könnte. Nach langer Suche mit meiner Therapeutin habe ich mich jetzt akut einweisen lassen. Ich denke wir haben die richtige Klinik für mich gefunden. Das mit der Akuteinweisung funktioniert nicht so wie ich das gedacht habe.

Auch in der Klinik komme ich auf eine Warteliste. Nach langem Schriftverkehr und vielen Telefonaten kann ich mich Ende September bereithalten. Der genaue Anreisetermin wird mir noch mitgeteilt.

Heute bekam ich einen interessanten Anruf von einer Redakteurin des Fernsehsenders RTL. In einer Internetumfrage, in der es um sexuellen Missbrauch, Opfer, Täter usw. ging habe ich vor vielen Monaten mal ein paar Anregungen geschrieben und meine Emailadresse hinterlassen. RTL hat sich nun an mich gerichtet weil sie einen Film drehen möchten mit Opfern, die das Schweigen brechen.

Heute war seit langem mal wieder ein guter Tag für mich. Das mit der Klinik wird klappen und das mit RTL finde ich auch sehr interessant. Mal schauen was daraus wird.
Oh, habe noch was vergessen. Michael war da und ist auch über Nacht bei mir geblieben. War sehr schön für uns beide. Auch ich konnte gut ertragen, dass ein Mann bei mir in der Wohnung war. Ist für mich ein enormer Fortschritt.

23.07.2012
Retraumatisierung: Mama und Ich. Heute hatte ich wieder Therapie. Meine Ärztin gab mir eine neue Aufgabe. Da wir beide bemerkten, dass der Kontakt zu meiner Mama zurzeit sehr schwierig ist, sollte ich diesen vermeiden. D.h. keinen Täterkontakt. Täterkontakt deswegen weil sie mich vor Opa damals nicht schützen konnte.
Und was habe ich getan?
Bin nach der Therapie direkt zu meiner Mutter gefahren. Ich hatte einen starken Drang diesen Schritt der Konfrontation endlich zu machen obwohl mir meine Ärztin davon abgeraten hat. Ich habe das richtig provoziert. Habe meiner Mutter endlich mal alles erzählt was mich so belastet und sie betrifft. Habe ich als Kind evtl. nicht doch mal was gesagt, warum hat sie nie was gemerkt usw.
Ihre Sätze wie z.B. was hat sie dir wieder eingeredet oder hast du dir doch nur alles eingebildet ...
Habe ihr alles um die Ohren gehauen und ihr erklärt wie schlimm ihre Reaktionen für mich sind. Ich habe ihr auch Vorwürfe gemacht für ihr Verhalten in der Vergangenheit.
Als die Konfrontation vorbei war fühlte ich mich als hätte ich mich von ganz vielen Ketten gelöst. Ich glaube das war für meine Hei-

lung ein sehr wichtiger Schritt. Zwei Tage später habe ich ihr dann auch angerufen um sie zu fragen wie es ihr geht. Mein Papa war am Telefon und hat mich zum ersten Mal in meinem Leben gefragt wie es mir geht, Das war ein schönes Gefühl. Die Konfrontation mit meiner Mutter war ganz schrecklich für mich aber auch ganz wichtig. Jetzt nach dem vieles endlich ausgesprochen wurde können die Gefühle zu ihr auch wieder frei fließen.

Das habe ich auch ein paar Tage später nochmal festgestellt als wir zusammen wandern waren. Jetzt ist alles viel leichter. Ich glaube, auch für sie.

Das Erinnern tobt in mir mit Bildern und Worten, als hätte ich einen Vulkan in mir geöffnet. Nun kann ich ihn nicht mehr schließen, kann das Geschehene nicht mehr einfach zudecken.

Ich habe immer mehr das Gefühl eine Sprache zu sprechen die keiner versteht.

24.07.2012

Und trotz allem: Es gibt Lichtblicke. Augenblicke voller Emotionen in denen ich was fühle. Sie sind noch immer ganz selten und kurz aber ich weiß jetzt, dass es sich lohnen wird, weiter zu kämpfen. Ich weiß jetzt, dass es so was wie Gefühle überhaupt gibt und um was ich kämpfe. Da ich das alles ja nicht gekannt habe wusste ich ja auch nicht wie schlimm mein Leben bisher war. Habe ja alles als normal empfunden.

Diese Gedanken machen mich sehr traurig, auch wenn ich Fortschritte mache. Zu merken was ich alles verpasst habe und zu merken, dass ich gar nicht richtig gelebt habe. Eine tiefe Traurigkeit macht sich in mir breit. Wie kann ich das alles einholen?

25.07.2012

Aber diese innere Unruhe wird durch nichts gemildert. Manchmal schläft sie für eine kurze Weile aber umso wilder kann sie zu einer anderen Zeit wieder in mir toben und mir das Herz auffressen. Ja, ungefähr so fühlt sich das an.

29.07.2012

Ein schlimmes Wochenende für mich. Meine Depressionen sind sehr stark. Möchte unbedingt alleine sein. Danke Michael, dass du mir Zeit gibst. Was ist nur mit mir los? Ich glaube ich bin ein bisschen überfordert weil ich die ganze Woche mit meiner Familie verbracht habe und keine Zeit für das Alleinsein hatte.

Es könnte auch daran liegen: Michael hat jetzt zwei Wochen Urlaub und ich habe große Angst vor dieser Zeit, da die Problematik mit meinem letzten Partner auch angefangen hat als wir Urlaub hatten und die ganze Zeit zusammen waren. Für mich ist das alles wie ein Rückschlag. Ich habe gedacht bzw. mir gewünscht, dass ich schon weiter bin.

Gedanken kommen. z.B.

- wie kann man es mit mir nur aushalten
- meine Mitmenschen haben Besseres verdient als
  mich
- ich bin es doch gar nicht wert das jemand Zeit
  mit mir verbringt
- wie kann man mich nur lieben wenn ich dauernd
  so kompliziert bin

Ich habe gerade mal wieder überhaupt kein Selbstwertgefühl. Schlafen als Flucht.

Um nichts mitzubekommen, ist schlafen für mich so eine Art Flucht. Wenn ich schlafe bin ich wie bewusstlos und nichts tut weh. Vielleicht eine Art Schutzmechanismus meines Unterbewusstseins wenn ich dem seelischen Stress manchmal nicht gewachsen bin. Wenn ich schlafe muss ich an nichts denken - ist etwa wie ein kleiner Tod.
Ist der Schlaf der kleine Bruder vom Tod?
Bin ich deswegen immer so müde?

Ich bin froh dass ich diesen Sonntag alleine verbracht habe. Jetzt ist Abend und ich fühle mich wieder stärker. Freue mich sogar auf die kommende Woche mit Michael, der dann Urlaub hat.
Verhaltensmuster
„Verhaltensmuster sind eingeübte Handlungsweisen deren Wiederholung uns in einer bestimmten Situation Sicherheit gibt."

05.08.20.12

Es gibt Menschen die nicht alles gut finden was ich zurzeit mache und wie ich mich verhalte. Aber habe ich mit meinem jahrzehntelangen Schweigen nicht schon genug Rücksicht auf andere genommen?
Bevor du über mich und mein Leben urteilst, ziehe meine Schuhe an und laufe meinen Weg, die holprigen Straßen und erklimme die Berge wie ich. Weine alle Tränen und empfinde all meinen Schmerz. Durchlaufe meine Vergangenheit die sehr schwer war. Stolpere über jeden Stein und stehe immer wieder auf so wie ich es getan habe. Gehe genau die gleiche Strecke wie ich sie gehen musste. Und dann überlege dir genau ob du mich weiterhin von etwas zurückhalten möchtest.
Am 01.08.12 habe ich die Sachbearbeiterin im Landratsamt besucht, die für meinen Antrag für das Opferentschädigungsgesetz zuständig ist.

Bin sehr gespannt was da entschieden wird. Ich hoffe zumindest dass meine Therapien bezahlt werden wenn sich die Krankenkasse weiterhin weigert.

Bin jetzt seit einer Woche ununterbrochen mit Michael zusammen. Hatte keine Sekunde das Gefühl, dass ich alleine sein möchte. Das ist für mich ein kleines Wunder. Ich glaube unser Verhältnis Distanz/Nähe stimmt einfach.

Die zweite Urlaubswoche haben wir mit meiner ganzen Familie zusammen in den Bergen verbracht. „Es liegt was in der Luft" war der Kommentar von Michael als wir wieder zu Hause waren. Auch ich habe das gespürt. All die Tage kein Wort über meine Sorgen die doch auch die ganze Familie betreffen. Als wenn alles in Ordnung wäre. Und doch schwebte es immer über uns. Die ersten Tage war das für mich ja noch in Ordnung, aber dann, so nach vier Tagen wurde es für mich unerträglich. Kein Wunder, dass ich dann als ich wieder alleine zu Hause war zusammengebrochen bin.

14.08.0212

Letzt Nacht hatte ich einen sehr intensiven Traum. Mein Papa mein Opa und ich zusammen im Wohnzimmer bei meinen Großeltern. Ich berührte Opa unabsichtlich und er sagte zu mir:"Pass auf sonst werde ich scharf."

Darauf habe ich erwidert: „Ja, so wie früher immer, als ich noch ganz klein war." Im Traum stritt Opa dann erst alles ab aber als er merkte dass ich nicht locker lasse und ihm erklärte wie wichtig es für mich ist endlich die Wahrheit von ihm zu hören, gab er alles zu. Ich war sehr erleichtert, auch weil mein Papa Zeuge von Opas Wahrheit war. Papa hat dann im Traum der ganzen Verwandtschaft erklärt, dass ich schon immer die Wahrheit gesagt habe und Opa jetzt alles zugegeben hat.

Am Morgen nach diesem Traum ging es mir erstaunlich gut.

War das gar kein Traum sondern eine Erinnerung? Manchmal kann ich das nicht unterscheiden.

15.08.2012

Warum wollte ich keine richtige Beziehung, warum habe ich mich so lange dagegen gewehrt.

Ich möchte mich nicht rechtfertigen müssen, wenn ich zu nichts Kraft habe.
Wenn ich den ganzen Tag nicht reden möchte und nur im Bett bleiben will.
Ich habe das Recht dazu. Ich mag auch kein schlechtes Gewissen haben wenn ich all die Dinge mache bzw. nicht mache weil ich das zurzeit einfach nicht kann.
Hätte ich vielleicht doch erst gesund werden sollen bevor ich andere mit ins Unglück stürze?
Ich fühle mich an manchen Tagen so faul und trotzdem kann ich nichts machen. Ich muss lernen, dass das sein darf. Deswegen bin ich ja auch arbeitsunfähig. Diese seelische Arbeit die ich täglich verrichte ist wahnsinnig anstrengend.

21.08.2012

Ein halbes Jahr lang versuche ich jetzt schon mich zu erinnern. Ich möchte konkretere Erinnerungen an den Missbrauch haben. Genügen mir die Erinnerungen die ich bis jetzt habe, um meine Symptome zu rechtfertigen? Nein, aber warum habe ich dann all diese Folgestörungen? Ich habe den Schaden und möchte gesund werden. Also nehme ich das was ich bisher weiß. Soll ich noch länger auf genaue Erinnerungen warten? Nein, lieber konzentriere ich mich auf die Heilung und vielleicht fällt mir ja, je stärker ich werde, um so mehr wieder ein.

Vielleicht weiß ich jetzt so viel wie ich wissen kann um nicht zu-sammenzubrechen. Möchte ja auch auf keinen Fall noch verrückter werden. Vielleicht sollte ich froh sein, dass mich mein Unterbe-wusstsein so beschützt.

Also arbeite ich mit dem was ich bisher weiß, ohne erneut zu zwei-feln. Außerdem ist es ganz normal während des Heilungsprozesses von Zeit zu Zeit an der Erfahrung zu zweifeln. Aber das bedeutet nur, dass es weh tut Erinnerungen zu akzeptieren und nicht, dass ich nie missbraucht wurde.

Angst vor meiner Wut

Am 20.08.12 hat mich meine Schwester gefragt warum ich so ei-nen Hass auf unsere Mutter habe. Manche Überlebende geben ihren Müttern die Schuld und sind dann auf diese wütend.

Wütender als auf die Täter. Der Grund ist für mich logisch. Die Gesellschaft fördert das. Es ist einfacher, erträglicher und ange-nehmer die Schuld einer Frau (Mama) zu geben, denn ich wurde ja von einem Mann bedroht, nicht von einer Frau. Männer haben mehr Kraft, sind eher gewaltsam. Auch ich habe diese Kraft zu spüren bekommen. Wenn ich also überhaupt Ärger, Wut oder Zorn spüre oder ich auch nur ganz leicht fühle, fällt mir das gegenüber einer Frau leichter. Hinzu kommt, dass bei mir der Täter ja auch schon tot ist. Auf wen soll ich denn wütend sein? Auf mich selber bin ich es ja schon lange genug. Ich muss aufpassen, dass ich nicht meine ganze Wut auf Mama richte. Opa verdient sie. Aber wenn ich es erst einmal wage, die tatsächliche Tiefe und Kraft meiner Wut kennenzulernen werde ich merken, dass es wirklich für alle reicht. Wenn man von jemandem missbraucht wurde der einem nahe stand und mit diesem auch schöne Zeiten erlebt hat, ist es noch schwe-rer die Wut kommen zu lassen - aus Angst auch all das Positive der Kindheit dadurch auszulöschen. Ich weiß jetzt aber, dass meine Wut nichts in meiner Geschichte auslöschen kann was ich mir bewahren möchte. Ich verliere nichts außer der Illusion, der Täter ist unschuldig.

24.08.2012

Ja, das ist eine Illusion gewesen und von dieser muss ich loskommen.

Manchmal habe ich das Gefühl von mir wird verlangt, dass ich Opa verstehe.

Sätze fallen wie z.B. er hat ja auch eine schwere Kindheit gehabt oder er war lange im Krieg.

Da sehe ich dass alle in der Familie noch immer in den Mustern gefangen sind. Je mehr ich mich aus diesen Mustern versuche zu lösen je mehr ist meine Beziehung zu meiner Familie gefährdet. Manchmal habe ich das Gefühl es gibt nur sie oder mich. Wenn ich aus diesem Familiensystem ausbreche riskiere ich, meinen Platz darin für immer zu verlieren.

Der Kontakt mit meiner Familie, das habe ich jetzt mehrmals beobachtet, wirft mich immer in die Realität meiner Kindheit zurück. Was soll ich tun?

Ich kann es mir nicht mehr leisten alles zu verdrängen und heile Familie zu spielen, nicht mal mehr für euch. Ich würde mir wünschen, dass z.B. mal jemand sagt:

du bist unheimlich tapfer

ich finde es stark, dass du daran arbeitest

ich bin stolz auf dich und deine Bereitschaft die

Wahrheit über dein Leben zu erfahren

Es tut sehr weh mich zum Teil von meiner Familie zu lösen, aber noch mehr tut mir weh weiter auf ein Wunder zu hoffen. Kann man von mir erwarten das ich noch für andere die in den Missbrauch in unserer Verwandtschaft verstrickt sind Mitleid habe?

Man hat mir mein ganzes bisheriges Leben zerstört. Ich bin jetzt Mitte vierzig und habe noch nie geliebt, nicht mal Gefühle gehabt für mein eigenes Kind und dann wird von mir erwartet, dass ich vergesse, verzeihe, rücksichtsvoll bin usw. Das ist doch absoluter Wahnsinn. Auch ich hatte eine schreckliche Kindheit und trotzdem missbrauche ich andere Menschen nicht. Es gibt keine Entschuldigung dafür.

28.08.2012

Heute Morgen habe ich meinen ganze Kraft und meinen ganzen Mut zusammen genommen und meinen Papa besucht, nachdem ich mich vergewissert habe, dass er alleine zu Hause ist. Ich wollte einfach mal wissen wie er zu der ganzen Sache steht. Bisher wurde mein Vater nie in die ganze Geschichte integriert.
Habe ihn direkt auf mich und meine Vergangenheit angesprochen und ihn gefragt, ob er eigentlich auch eine Meinung zu allem hat.

Meine Fragen:
- hast du irgendwann mal was bemerkt?
- habe ich mich nicht irgendwie verändert oder
  seltsam verhalten?
- habe ich mich ihm irgendwann mal anvertraut?

Seine Antworten:
- er hat nie etwas bemerkt!
- wenn doch, dann hätte er doch irgendwie reagiert!
- wenn er etwas geahnt hätte dann hätte er mich
  doch nicht mehr zu Opa gehen lassen!
- was passiert ist, ist passiert!
- jetzt kann man ja nichts mehr aufdecken, Opa
  ist ja tot!
- wenn Opa noch leben würde, würde er ins Gefängnis kommen!

Später hat er mir noch vorgeworfen, dass es Mama immer schlecht geht, wenn ich mit ihr über den Missbrauch rede und sie merkt wie sehr ich leide.

Ich habe ihm dann auch noch gesagt, das ich gerne offener darüber rede möchte.

Seine Meinung ist, dass das doch alles nichts bringt so nach dem Motto – passiert ist passiert – das kann man jetzt eh nicht mehr ändern.

Am Ende unseres Gespräches habe ich ihm ein Buch gegeben das von sexuellem Missbrauch handelt, mit der Bitte, dass er und Mama das Buch lesen.

Vielleicht können sie mich ein wenig besser verstehen wenn sie dieses Buch gelesen haben. Ich wünsche mir das. In dem Buch sind auch Kapitel wie Eltern helfen können. Mal schauen, ob sie das Buch in die Hand nehmen.

Leider auch von ihm kein Wort, dass ihm leid tut was passiert ist. Traurig bin ich wieder nach Hause gefahren und habe geweint. Am meisten hat mich geschockt als Papa mir erzählte dass ich früher mehrmals zu Mama sagte: „ich will nicht zu Opa." Mache ich wirklich alles für meine Heilung?

29.08.2012

Michael übernachtet jetzt manchmal bei mir. Ich habe kein bedrückendes oder beängstigendes Gefühl dabei.

02.09.2012

Ein paar Tage nach meinem Besuch bei Papa hat mich Mama heute angerufen um nochmal über alles zu sprechen. Während diesem Gespräch hat sie sehr geweint und zum ersten Mal die Worte **„es tut mir alles so leid, was passiert ist"** ausgesprochen.

Niemand kann sich vorstellen wie das für mich war. Ich konnte es zuerst gar nicht glauben und habe sie gebeten, diesen Satz nochmal zu wiederholen. Ich habe so lange auf eine solche Anteilnahme gehofft und heute endlich mal erhalten.

Ich habe ihr dann auch gesagt wie wichtig das für mich ist, es von ihr zu hören.

- Danke Mama für diese Worte -

Ich kann mich zurzeit gar nicht so gut auf mich konzentrieren da mich das Scheidungsdrama von Michael sehr beschäftigt. Ich merke, wie sehr ihn das alles bedrückt. Ich hoffe, wir stehen diese schwere Zeit gemeinsam durch. Michael braucht gerade auch sehr viel Kraft für sich.

03.09.2012

Schlimmer kann es jetzt nicht mehr werden. Heute haben Elias, sein Papa und ich gemeinsam beschlossen, dass Elias ab sofort bei seinem Papa wohnen wird. Für mich bricht schon wieder eine Welt zusammen. Es ist so schlimm für eine Mutter wenn das eigene Kind auszieht und dann auch noch aus Gründen, die wieder mit dem Missbrauch zusammen hängen. Mein Exmann glaubt, dass er zurzeit besser für Elias sorgen kann als ich. Ich denke er hat Recht. Trotzdem, wie soll ich das jetzt auch noch verkraften?

Jetzt soll ich schon mal einen Teil von Elias Sachen zusammenpacken für den Umzug. Ich schaffe das nicht. Mein Exmann ist der Meinung, dass es für mich doch auch gut sein könnte wenn ich mich nur noch um mich kümmern muss. Vielleicht hat er ja sogar Recht, aber es fühlt sich so verdammt traurig an. Für was kämpfe ich jetzt noch weiter alles ist so sinnlos. Elias ich liebe dich.

Jetzt ist es Abend und ich bin so traurig. Habe es geschafft, Elias Sachen zu packen und sie ihm teilweise gebracht. Oh, Gott war das schlimm heute.

Es tut so weh in Elias leeres unbewohntes Zimmer zu gehen.

Heute habe ich seit langem einmal wieder an Selbstmord gedacht. Zum ersten Mal muss ich heute schlafen gehen mit dem Gedanken – jetzt bin ich alleine –

Für Elias:
Ich habe dich geschenkt bekommen vor sechzehn Jahren. So wertvoll für mich, auch wenn ich es nicht immer gespürt habe. Ich wollte dich für immer bei mir haben, sehen wie du schläfst, hören wie du atmest und mir immer wieder ein Lachen ins Gesicht zauberst. Auch jetzt noch. Ich habe mir geschworen, alles Böse von dir zu halten und dich immer zu beschützen. Doch leider ist mir das nicht immer gelungen. Für deinen neuen Lebensabschnitt bei deinem Papa schenke ich dir all meine Kraft und Liebe. Und wenn sich dein Leben mal überschlägt und du glaubst, dass du es kaum erträgst, den Schmerz, denke daran, ich fange dich immer wieder auf. Habe niemals Angst, ich lasse dich nie im Stich auch wenn das jetzt für dich so aussieht. Ich begleite dich immer auf deiner Reise.

An dem Tag, an dem Elias auszog, war ich zum ersten Mal richtig wütend auf Opa. Musste ich erst noch Elias verlieren bis es endlich soweit kommt? Hatte ich nicht schon genug Gründe? Da sehe ich wieder mal wie groß die Angst vor der Wut ist. Ich habe Elias schon so viel Leid zugefügt und alles sind Folgen meines Missbrauchs. Scheidung, schlechte Beziehungen in denen er auch sehr gelitten hat und jetzt auch noch die Trennung von seinem Zuhause. War das damals für Elias Papa bei der Trennung auch so schmerzvoll als er Elias bei mir zurücklassen musste? Ich hoffe nicht. Aber jetzt kommt mir ein schöner Gedanke. Vielleicht finden Elias und sein Papa es ja auch ganz toll mal ein paar Monate zusammen zu leben. Wir lassen ihn ja nicht im Stich. Er wechselt nur von einem Elternteil zum anderen. Wenn ich ehrlich zu mir bin muss ich zugeben, dass sein Papa zu Zeit wirklich besser für ihn sorgen kann als ich.

***

05.09.2012
So sieht es jetzt bei mir aus:
- kein Arbeitsplatz an den ich zurückkehren kann
- finanziell eher bescheiden bis pleite
- Elias wohnt nicht mehr bei mir
- und ich psychisch sehr labil

Was kommt noch?

Und trotzdem verspüre ich sehr viel Elan. Vielleicht muss es einem wirklich erst ganz schlecht gehen bevor man anfängt zu kämpfen. Aber kämpfe ich nicht schon lange genug?

06.09.2012
Mein erstes bewusstes out of body

Am 05.09.12; als ich im Bett lag und gewartet habe bis ich einschlafen kann; hatte ich meine erste out of body Erfahrung. Ich wusste bisher nicht was das ist. Habe heute meiner Therapeutin erzählt was da mit mir passiert ist.
Ich habe meinen Körper verlassen und mich von außen erlebt. Ich hatte auch keine Gewalt mehr über meinen Körper, konnte meine Beine und meine Arme nicht mehr bewegen, obwohl ich das versucht habe.
Erklärung: wenn Menschen Dinge erleben, die zu schmerzhaft auszuhalten sind, verlassen sie ihren Körper. D.h. das war ganz eindeutig eine Erinnerung wie ich mich als Kind bzw. Baby während des Missbrauchs verhalten habe.

Jetzt habe ich dank meiner Therapeutin auch eine Erklärung warum ich mich nur vage an den Missbrauch erinnern kann. Ich war gar nicht in meinem Körper während der Missbrauch immer stattfand. Wieder ein ganz schrecklicher aber auch ganz wichtiger Schritt in meinem Heilungsprozess!

Wenn man nicht physisch fliehen kann versucht man psychisch zu fliehen, die Situation selbst unwirklich zu machen und den eigenen Körper als fremd, als nicht mehr zugehörig erleben, um den psychischen und seelischen Schmerz zu verringern.

Fühle mich seit dieser out of body Erfahrung irgendwie leichter. Kann das Gefühl noch nicht genau beschreiben.

10.09.2012

Ich werde manchmal gefragt warum ich immer noch an den Verwandtschaftsfeiern teilnehme.

Meine Familie bzw. meine Verwandtschaft ist ja nicht nur meine Missbrauchsfamilie, sondern auch die Familie, die mich liebt. Warum soll ich mir das Gute nicht bewahren? Wir haben ja auch immer sehr viel Schönes zusammen erlebt.

11.09.2012

Meine jetzige Reise ist der unmittelbare Anstoß für dieses Buch, aber die Koffer dafür habe ich schon mein ganzes Leben lang gepackt.

Heute konnte ich mich beim Baden mal wieder richtig entspannen. Habe versucht, mich normal zu verhalten. Ist mir sogar gelungen, ganz ohne Zwangshandlungen. Wenn ich zurückdenke, Februar, März 2012, wird mir erst bewusst, wie sehr mich meine Zwangshandlungen damals beherrscht haben. Ich hoffe ganz arg, dass sie nie wiederkehren.

12.09.2012

Psychotherapie bedeutet wörtlich übersetzt:

Behandlung der Seele

Mein Wunsch wäre es für mich, ein Hobby zu finden, das mir richtig Spaß macht. Das ich mit Leidenschaft machen kann. In der Zeit der Therapie habe ich erkannt, warum ich das bisher nicht hatte. Da ich für mein ganzes bisheriges Leben meine Energie gebraucht habe für all die Dinge, die ich tun musste, blieb einfach keine Kraft mehr übrig.

Jetzt, da ich nicht mehr all meine Energie für die Krankheit brauche, merke ich auch, dass ich mir für die Zukunft vorstellen kann, Energie übrig zu haben, für Dinge die ich gerne mache. Was das genau sein wird weiß ich noch nicht, aber ich bin mir sicher, dass mir was einfällt, wenn es soweit ist.

Ich war mir in der Vergangenheit nie wertvoll genug, etwas für mich alleine zu tun. Kleinigkeiten wie z.B. ein Glas Wein trinken oder mir eine Kerze anzuzünden. Für wen auch, bin ja nur ich.

Ich muss lernen, dass ich es mir gutgehen lassen darf. Ich habe das verdient. Besonders nach dem ich in der Vergangenheit so viel an Willen und Kraft brauchte, um einfach nur weiterzuleben. Laut Frau Dr. Maurer benötigte ich all meine Kraft, um normal zu funktionieren und nicht verrückt zu werden.

***

Heute in der Therapie wollte ich unbedingt raus finden warum ich mich seit meiner out of body Erfahrung leichter fühle.

Da ich mich während dieser Erfahrung in der Originalsituation befand - die ich ja nicht richtig erlebt habe da ich ja aus meinem Körper geschlüpft bin - ist alles nicht mehr so voller Angst besetzt. Ich weiß jetzt, dass keine Erinnerungen mehr kommen können die mich umhauen und ich jetzt auch meine große Angst davor

ablegen kann. Meine Erwartungen waren so schrecklich und plötzlich kann ich meine Angst ablegen.

Mein Rucksack wird dadurch unendlich leichter.

Heute habe ich Post aus der Klinik bekommen. Mein Anreisetermin
wird der 26.09.12 sein.
Warum gehe ich diesen Weg?
Ich bin so traurig, schmerzerfüllt und verzweifelt. Ich trage diesen unaussprechlichen Schmerz ständig in mir. Ich will reden können, endlich Worte finden, Worte die das beschreiben können was
mir passiert ist, aber alles in meinem Tempo.
Ich will Aufmerksamkeit wenn ich erzähle, auch in den schlimmsten Momenten, ich brauche diesen Schutz, ich will nicht alleine
sein, ich brauche einen Halt, jemand der mich begleitet, mit mir
den Schmerz aushält und mich trotzdem in der Realität halten
kann. Wird mir jemand glauben wird man mich reden lassen? Kann
mich jemand halten damit ich das durchstehe?

Warum gehe ich diesen Weg? Ich will nicht mehr gefangen sein.
Ich will leben. Warum kann ich nicht ruhig sein. Versteht ihr, was
es heißt das Unaussprechliche trotzdem in Worte zu fassen?

Ich werde Schmerzen spüren
Ich werde weinen
Ich werde schreien
Ich werde Angst und Panik haben
Ich werde nochmals den Film ablaufen sehen als würde es jetzt
geschehen
Ich werde wieder ums Überleben kämpfen müssen
Warum gehe ich diesen Weg?

Danach wird es endlich aus mir raus sein

Danach werde ich mich besser fühlen
Danach werde ich neu anfangen
Danach kann ich vertrauen
Danach habe ich neuen Lebensmut
Danach werde ich sehen dass ich alles schaffen kann

Darum gehe ich diesen Weg!

19.09.2012

Das Loslassen von Elias fällt mir ganz schön schwer. Da ich ihn sehr selten sehe, kann ich nichts mehr kontrollieren. Ich muss lernen, Elias und seinem Papa zu vertrauen.

Heute hatte ich meine letzte Therapiesitzung bei Frau Dr. Maurer. Ich durfte bei ihr als Patientin meinen Gedanken, Worten und Gefühlen immer freien Lauf lassen. Ich habe noch nie jemandem so sehr vertraut wie ihr. Vom ersten Augenblick an wusste ich, mit ihr kann ich das schaffen. Sie war in den letzten neun Monaten meine engste Bezugsperson.
Auf meiner Abenteuerreise Psychotherapie hat sie mir geholfen Hoffnung zu haben und meinen Weg zu finden. Sie hat mir Mut gemacht und Hilfestellung gegeben auf schwierigen Wegstrecken. Ich bin voller Dankbarkeit ihr gegenüber. Bevor ich die Praxis verlassen habe, habe ich sie gefragt ob ich sie mal umarmen darf und schon lagen wir uns in den Armen. War ein ganz besonderer Moment für mich. Ich weiß, dass sie an mich glaubt und ich alles schaffen kann.
Auch dafür vielen Dank.

20.09.2012

Wieder Post aus der Klinik. Shit, der 26.09.12., mein Anreisetermin, wird verschoben auf den 01.10.12.

Ich bin ein bisschen enttäuscht. Bin doch schon bereit, so lange schon. Ich möchte, dass es jetzt losgeht.

Viele Menschen sagen immer, dass man sich auch an Kleinigkeiten freuen soll. Ich konnte das nie so bewusst, obwohl ich es immer versucht habe. Das ist jetzt anders. Wenn ich heute mit netten Menschen rede oder durch die Natur gehe, sehe und beobachte ich so vieles was ich früher nie wahrnehmen konnte. Wieder so etwas Schönes, was ich bisher nicht kannte.

24.09.2012
Heute habe ich eine schreckliche Nachricht erhalten. Die Gründerin und Leiterin unserer Selbsthilfegruppe für sexuell missbrauchte Frauen wollte sich das Leben nehmen. Habe sie dann sofort in der geschlossenen Psychiatrie besucht. Das hat bei mir natürlich auch wieder sehr viele Gedanken ausgelöst.
Ich werde alles versuchen, damit ich nie in eine geschlossene Abteilung in einer Psychiatrie eingewiesen werden muss. Habe aber auch negative Gedanken wie z.B. ist man denn nie geheilt und wirklich stabil oder wann hört das Leiden mal auf?
Barbara war doch mein großes Vorbild und hat auf mich auch sehr stabil gewirkt.
Ich werde jetzt natürlich noch intensiver an mir arbeiten damit ich so damit leben kann und nie in eine solche Psychiatrie muss.

01.10.2012
Aufnahmetag in der psychosomatischen Klinik. Jetzt geht es los. Schön, so einen schlimmen Schritt nicht alleine gehen zu müssen. Ich bin sehr dankbar, dass Michael und meine Eltern mich in die Klinik begleitet haben. Ich wurde hier sehr freundlich empfangen und kann mir so auf den ersten Blick vorstellen, mich hier wohl zu fühlen. Michael und Mama, danke für die Engel die ihr mir zuges-

teckt habt. Fühle mich sehr nervös den ganzen ersten Tag. Auch sehr einsam und dennoch habe ich keine Lust mich mit meinen Mitpatienten zu unterhalten oder zusammen zu setzen. Ich bin gerade richtig menschenscheu.

02.10.2012
Mein zweiter Tag in der Klinik. Meine erste therapeutische Tat: ich habe meine Medikamentendosis auf null gesetzt und alle meine restlichen Tabletten im Pflegezimmer abgegeben, so dass ich nur nach Rücksprache mit den Ärzten hier wieder welche bekomme. Bin stolz auf mich, war meine eigene Entscheidung weil ich mich wieder echter fühlen möchte ohne Psychopharmaka.

03.10.2012
Heute ist Feiertag.
Es finden keine Termine und Anwendungen statt. Habe gerade das erste Mal so richtig hier gelacht, als mir auf unserer Station ein Mann entgegen kam mit einem Aufdruck auf dem T-Shirt „ohne erkennbare Mängel".

Am 02.10.12 habe ich meine Einzeltherapeutin und meine Körperärztin kennengelernt. Auch bei ihnen habe ich mich sofort sehr gut aufgehoben gefühlt.
Ich bin hier sehr schnell „angekommen". Hier habe ich die Ruhe, um mich ganz fallen zu lassen in die Erinnerung. Wenn ich an meinem Lebensende von Gott gefragt werde, wie ich das Leben genutzt habe, möchte ich ihm antworten können, dass ich es trotz allem als ein Geschenk erlebt habe und das Beste versucht habe. Immer.

***

07.10.2012

Je länger meine schlimmen Zwangshandlungen zurück liegen, je mehr weiß ich, dass das eine Variante für mich war, um nicht von meiner Angst überschwemmt zu werden.

Seit ich hier in der Klinik bin habe ich oft Angst und trotzdem fast keine Zwänge. Ich denke, dass das daran liegt, dass ich hier in diesem geschützten Rahmen meine Angst erleben darf und wenn sie zu schlimm wird auch sofort psychologische Hilfe da ist.

Ich fühle mich hier so... so..., ich kann euch noch keine Vokabel dafür nennen.

Ich weiß nur und das jetzt nach nur einer Woche schon, dass wenn ich aus der Klinik entlassen werde, vieles anders ist. Denn nicht nur mein Körper, auch mein Geist, mein Denken, Fühlen und Empfinden werden durch das weitere intensive therapieren hier in ganz anderer Weise gefordert, als es das normal Leben draußen tut. Andere Probleme und eine andere Art des Denkens beschäftigen mich hier.

Trotzdem muss sich keiner um mich sorgen, ich werde nur therapiert.

Therapiert heißt hier für mich auch langsam zu machen. Ich bin allen, dem Pflegepersonal, dem Therapeutenteam und den Ärzten viel zu schnell.

Am Freitag in der ersten Woche wurde ich dann radikal ausgebremst. Man hat mir hier schonungslos erklärt, dass wenn ich so weiter mache, d.h. meine Schutzmauern zu schnell runter reiße, es sehr gut sein kann, das ich das nicht verkrafte und wahnsinnig werde. So wie ich mir das vorstelle so funktioniert unsere Psyche nicht. Das heißt mal wieder für mich, Maria gebe dir Zeit, Zeit, Zeit.

Mein Motto hier: Wenn du auf ein Wunder wartest und es kommt keines - sei selber eines.

Und: Schlimmer geht immer.

10.10.2012

Letzte Nacht hatte ich folgenden Traum oder folgende Erinnerung: Manchmal kann ich nicht richtig deuten, ob es eine reale Erinnerung ist oder ein Traum.

Im Schlafzimmer meiner Großeltern:
Meine Oma legt mir Bettwäsche zurecht damit ich mein Bett, d.h. Omas Bettseite, in der sie immer neben Opa schläft, beziehen kann. Ich sehe sie dann das Schlafzimmer mit ihrer Bettdecke und ihrem Kopfkissen verlassen. Ich fühle mich sehr verlassen, jetzt lässt sie mich mit Opa alleine.
Ich habe ständig ein komisches Gefühl weil ich nicht zu Hause und bei Michael anrufen kann. Irgendetwas hält mich davon ab. Ich habe noch nicht rausgefunden warum das so ist. Lass ich einfach mal so stehen und schaue was passiert.
Hier in der Klinik kann man ab dem zweiten Wochenende einen TBE Schein ausfüllen und dann entscheidet das Ärzteteam darüber ob man über das Wochenende heimfahren darf. (TBE = therapeutische Belastungserprobung)
Ich werde hier bleiben.

***

11.10.2012

In der letzten Nacht hatte ich einen körperlichen Zusammenbruch. Ich musste den Notfallknopf drücken damit ich Hilfe bekam. Was passiert ist weiß ich nicht so genau. Mein ganzer Körper hat sich zusammen gezogen, ich hatte nasse Schweißausbrüche und mir war sehr übel. Plötzlich lag ich auf dem Boden. Die Nachtpflegerin hat sich dann sofort sehr liebevoll um mich gekümmert. Hat jetzt mein Körper oder meine Psyche oder beides reagiert. Ich weiß es nicht.

Ich wurde hier in der Klinik gefragt ob ich an Gott glaube. Meine Antwort war: „ich brauche nicht an ihn zu glauben, ich kenne ihn." Darauf wurde ich gefragt warum er dann zulässt dass ich schon so lange leide. Meine Antwort war:" ich finde es immer noch besser zu denken, dass Gott das zulässt als zu denken das dort draußen niemand ist."

13.10.2012

Ich befinde mich momentan in einer mir fremden Stimmung. Ich kann sie aber nicht als angenehm oder unangenehm bewerten. Sie ist einfach da.

Ich denke hier in der Klinik viel an Michael und an meine Familie. Manchmal bin ich bedrückt, weil ich spüre, dass auch ihr Leben durch meinen „Zustand" beeinflusst wird.
Danke, dass ihr immer für mich da wart und sein werdet. Damit habt ihr meinen Heilungsprozess positiv unterstützt. Ihr versucht immer mit eurem „bei mir sein" meine Angst zu mildern und meine schlimmen Gedanken in hoffnungsvollere Gedanken umzuleiten. Ich danke euch so sehr dafür.

Am 11.10.12 wurde ich in der Klinik zur Chefärztin gerufen. Ich war gerade beim Abendessen. Das war ein schlimmes Gespräch für mich. Ich hatte in einer Therapiestunde erwähnt, dass ich oft „Blitze" erlebe. Ganz oft und immer dieselben, seit ich hier bin.
Blitz = Ich springe hier vom Balkon aus dem vierten Stock.
Ich musste dann genau erklären, was das für mich bedeutet.
Die Gefühle, die Gedanken und die Körperwahrnehmungen beschreiben, die ich während dieser Blitze erlebe.
Die Ärztin musste bei diesem Gespräch herausfinden ob ich suizidgefährdet bin und vielleicht hier in der falschen Klinik untergebracht und therapiert werde bzw. bin. In dieser Klinik kann mir

falls ich Suizidgedanken habe kein Schutz geboten werden. Falls das so wäre müsste ich verlegt werden. Nach diesem „Verhör" haben wir gemeinsam beschlossen, dass ich bleiben kann unter der Bedingung, dass ich Neuroleptika einnehme. (ein Medikament zur Beruhigung)

Das ist für mich zwar auf den ersten Blick ein Rückschritt, da ich es ja unbedingt ohne Medikamente schaffen wollte, aber immer noch besser, als in eine geschlossene Psychiatrie verlegt zu werden. Ich werde versuchen die Medikamente nicht mehr als Feind sondern als unterstützenden Freund zu sehen.

16.10.2012

Hatte heute einen Termin hier in der Klinik mit der Sozialberaterin. Wollte mich wegen meinen Zukunftsängsten mal informieren, wie es mit meiner existenziellen Zukunft aussieht oder weitergehen könnte. Meine Idee war, mich von meinem Arbeitgeber zu trennen, da es für mich eine Belastung ist zu wissen, dass ich noch dort angestellt bin. Die Sozialberaterin hat mir dringend davon abgeraten zu kündigen. Ich soll den Schutz eines Arbeitsverhältnisses auf keinen Fall aufgeben. Das heißt für mich umdenken und das Arbeitsverhältnis als Schutz und nicht als Belastung zu sehen. Kündigen kann ich ja mental, aber nicht real, nur so für mich.

Jetzt habe ich erst mal noch bis Sommer 2013 Anspruch auf Krankengeld und danach schauen wir weiter. Vielleicht brauche ich ja gar nicht so lange und finde schon früher einen tollen Job für mich wenn ich wieder arbeitsfähig bin. Wenn nicht gibt es nach den 78 Wochen Krankengeld immer noch die Möglichkeit von Arbeitslosengeld oder EU Rente, aber ich hoffe, dass es nicht soweit kommt. Trotzdem schön zu wissen, nach diesem Gespräch mit der Sozialberaterin, das ich keine existenziellen Ängste haben muss, was natürlich sehr beruhigend für mich ist. Jetzt sind schon wieder ein paar Tage vergangen seit dem Drama mit den Blitzen.

Es hat mir sehr gut getan, dass das hier von den Ärzten so ernst genommen wurde. Jetzt im Nachhinein spüre ich, dass es für mich wahnsinnig wichtig ist das man mich und meine Folgestörungen ernst nimmt. Ich merke auch wie groß mein Bedürfnis ist, beschützt zu werden wenn es mir schlecht geht. Diese Sehnsucht ist bei mir so sehr ausgeprägt weil ich in der Zeit des Missbrauchs ja genau diesen Schutz nicht hatte.

Maria, du musst langsam machen. Ich habe sehr ambivalente Gefühle in mir. Einerseits möchte ich mich hier mit meinen Gefühlen beschäftigen und andererseits laufe ich vor ihnen davon. Ich laufe davon in dem ich mich ständig mit irgendwas beschäftige nur nicht mit mir selber. Die Bezugspflegerin die für mich zuständig ist, hat mich ein paar Tage lang beobachtet und mich darauf angesprochen. Sie hat mir erklärt, dass ich mehr vom „Tun" ins „Sein" kommen muss damit ich hier Fortschritte machen kann. Wir haben dann zur Übung einen Deal vereinbart. Ich sollte heute Mittag wenn meine Termine vorbei sind nur noch das „Sein" üben. Da ich dankbar bin für die Unterstützung hier werde ich ganz arg versuchen nichts zu tun. Ich habe die Aufforderung bekommen falls Spannungen auftreten während dieser Übung mich sofort bei ihr zu melden, damit wir dann gemeinsam schauen, wie ich mit den Spannungen anders umgehen kann.

Zwei Stunden später.
Da ich mal nichts tun sollte und das auch wirklich ausprobieren wollte ging ich auf mein Zimmer. War ein komisches Gefühl, keinen Plan zu haben und auch keinen zu machen. Das komische Gefühl wurde immer stärker. Habe dann aus Verzweiflung Seiten eines Buchs auswendig gelernt. Als mir bewusst wurde wie sinnlos das ist bin ich mit großen Angst-, Unruhe- und Versagensgefühlen zu meiner Bezugspflegerin gegangen.

Erkenntnis: Ich kann nicht bzw. noch nicht nichts tun ohne komische Gefühle zu bekommen mit denen ich nicht umgehen kann.
Bin gerade sehr hoffnungslos. Werde ich es können irgendwann mal meine Gefühle auszuhalten.

***

Dear Michael,

in diesen Tagen hier in der Klinik habe ich auch sehr viel über uns nachgedacht. Am Anfang als wir uns trafen hast du schon einen sehr tiefen Eindruck auf mich gemacht.
Ich merke hier, dass die Auseinandersetzung mit der eigenen Persönlichkeit einen sehr prägt. Vieles wird mir klarer, auch Dinge, die mit uns zu tun haben. Ich betete, dich lieben zu können und gleichzeitig hatte ich Angst das Gefühl wirklich an mich heranzulassen. Ich war im Begriff, mich in dich zu verlieben, aber so einfach war es eben nicht. Mir war klar, dass es wieder schwierig wird wegen meiner Vergangenheit. Das waren meine Beziehungen immer. Ich wollte nicht wieder jemanden verletzen. Der Gedanke, dass schon wieder ein Mann wegen mir leiden muss machte mir Angst. Wie konnte ich mich fallenlassen in dieses Gefühl, nach allem was ich bisher erlebt habe.
Doch bald wurde mir klar dass es an mir liegt. Entweder ich lasse alles wie es ist oder ich springe. Wenn ich springe dann nur mit allen Konsequenzen. Ich war verliebt in dich aber nicht so blind zu sehen, dass es auch wieder wehtun könnte. Vielleicht bin ich im April oder im Mai gesprungen, ich weiß es nicht so genau. Auf jeden Fall habe ich es getan und mich hundertprozentig auf dich eingelassen, mich für dich entschieden. Für dich und die Hoffnung das auch ich mal richtig lieben darf.

Deine Maria

17.10.2012

Hallo Michael,

ist es nicht absurd, dass ich einen Tag später schon wieder das Bedürfnis habe dir zu schreiben? Ich sollte zur Ruhe kommen und Dinge machen die mir gut tun. Also schreibe ich. Ich bin überrumpelt, überrascht, erfreut und verängstigt weil ich hier jeden Tag etwas mehr spüre. Dass ich es sein soll, der das alles, was ich hier erzähle, passiert ist. Ich stürze mich hier in etwas rein was mich im schlimmsten Fall zerbrechen kann. Nichts von alldem was mir zurzeit durch den Kopf schießt. Nichts, was mein unsicheres Herz gerade formulieren will, kann ich richtig deuten.

Ich weiß nur, aus irgendeinem unerfindlichen Grund bin ich in deine Arme gelaufen und sie waren offen. Wenn ich Angst bekomme, dass es wegen mir mit dir wieder nicht klappen könnte denke ich sehr egoistisch. Wie kann Gott mir so einen wunderbaren Mann geben um ihn mir dann wieder wegzunehmen? Das wird er nicht tun. Ich sitze hier auf meinem Balkon in der Sonne und schreibe. Schreiben tut mir so gut. Heute Nacht ist mir ein Titel für mein Buch - falls ich das jemals schreibe - eingefallen

Quer durch mich

Fühle dich umarmt
Maria

Schreiben ist mein Ventil. Deshalb schreibe ich jetzt noch weiter. Schon wieder eine Ansammlung meiner Gedanken und eine Überdosis meiner Gefühle, aber was soll's, raus damit ist meine Devise. Michael ist ein riesiger Faktor in meinem Leben. Ich will nicht mehr ohne ihn leben, will gar nicht mehr wissen wie es ohne ihn wäre, weil er mein Leben neu und aufregend macht. Vieles was ich jetzt fühle ist vielleicht auch therapiebedingt, aber auch wegen Michael. Er ruft Gefühle in mir hervor die ich kaum kannte.

Manchmal schaue ich ihn an und dann steigt eine Zärtlichkeit in mir auf die mich ganz warm macht und gleichzeitig zu zerreißen droht. Denn dann kommt die kleine verunsicherte Maria in mir, mit der großen Angst, zu vertrauen. Den eigenen Gefühlen zu vertrauen.

Ich war noch nie in so einer Situation und deswegen ist alles so neu für mich. Manchmal komme ich mir vor wie ein kleines Kind das gerade laufen (lieben) lernt und noch kein Vertrauen in die eigenen Beine hat. Ich bin immer noch berührt wenn ich sehe wie erfreut wir beide sind wenn wir uns sehen.

Heute gab es hier mal wieder was zu lachen. Das ist nicht oft der Fall.

Im Therapiezimmer stand ein Schild mit der Aufschrift:

Das Leben ist zum Lachen da, drum nehmen wir Psychopharmaka.

Es können nicht alle Tage zu den Besten gehören. Als ich vorgestern so hoffnungslos war, rief ich Michael aus der Klinik an. Er sagte mir am Telefon Dinge, die mein Herz zum Überlaufen gebracht haben. Danke, danke für seinen Liebeswillen für mich, danke dass er mein sein darf. Danke lieber Gott, dass du meine Seele heilst in dem ich das alles spüre. Danke, dass du meine und Michaels Seele zusammenführst. Immer mehr und mehr.

18.10.2012

Nach allem was in den letzten Tagen passiert ist, würde man meinen Zustand, wenn ich eine körperliche Krankheit hätte, als äußerst kritisch oder sogar als Endstadium bezeichnen. Meine eigenen Erwartungen an mich waren so riesengroß in der Vergangenheit. Deshalb bekomme ich hier immer wieder gesagt, man muss nicht immer müssen, man muss nicht immer alles sofort machen, ja, man muss nicht perfekt sein. Seit ich das immer mehr verinnerliche passieren mir ständig komische Dinge, die mir früher nie passiert wären, weil ich immer so kontrolliert war. Ständig lasse ich was liegen, vergesse Termine, gehe mit Schuhen in die Sauna und heute wurde ich sogar gesehen als ich die Herrentoilette verlassen habe.

Und jedes Mal wenn wieder was Unkontrolliertes passiert bin ich erfreut. Ich lerne nämlich daraus, dass nichts Schlimmes passiert wenn man mal nicht so perfekt ist.

Seit ich hier in der Klinik bin erlebe ich viele Dinge viel intensiver. Vor allem auch nachts.

Ich habe erschreckend realistische Träume, oft träume ich von einem Thema über das ich tagsüber gesprochen oder über das ich nachgedacht habe.

Fast jede Nacht träume ich bewusst. Meine Träume variieren von extrem realistisch zu vollkommen absurd. Ich sehe hier auch ganz deutlich wie gut wir Menschen unsere eigentlichen Gefühle verstecken können. Nicht nur ich mache das. Das tun wir alle. Ich war zwar schon immer sehr gut darin, aber jetzt fällt es mir auch auf. Vielleicht weil der Kontrast von innen zu außen extremer wird.

20.10.2012

Manchmal wenn ich schreibe denke ich, dass das vielleicht mal alles gelesen wird. Trotzdem hält mich nichts auf, einen Einblick in mein Innerstes zu gewähren. Denn nur so kann es echt werden.

Jetzt bin ich schon fast drei Wochen hier und jeden Abend alleine auf meinem Zimmer. Bin einfach nach den vielen Therapien tagsüber immer so müde.

Therapiewochenplan

Montag: Rücken Fit (Sport)
              Gruppentherapie
              konzentrative Bewegungstherapie
              Visite
              Einzeltherapie
              Entspannungstherapie
              Abendrunde

Dienstag: Gewichtskontrolle
              Bezugspflege
              Gestaltungstherapie

Mittwoch: Stretch und Relax (Sport)
              Gruppentherapie
              Einzeltherapie
              Abendrunde
              Musiktherapie

Donnerstag: Körperarzt
              Gestaltungstherapie
              konzentrative Bewegungstherapie
              Imaginationstherapie

Freitag: Gruppentherapie
              Abendrunde

21.10.2012

Ich habe diese Woche zu meiner Einzeltherapeutin gesagt, dass ich finde, dass es mir immer schlechter geht statt besser. Habe ich das Ziel verfehlt? Ihre Antwort war: „das gehört zu Ihrem Weg und wenn Sie auf dem richtigen Weg sind und das sind Sie

ganz sicher, dann kommt Ihnen das Ziel von alleine entgegen."
Dann hat sie mir noch mit auf den Weg gegeben: „Wunder ist die
Steigerung von wund."
Ich denke sie wollte mir damit sagen, dass es erst nochmal richtig
weh tut, bevor es heilen kann.
Ja, mir wird immer klarer dass meine Geschichte nicht umge-
schrieben werden kann, ich aber neue Kapitel hinzufügen kann.

Wenn ich über meine Mamagefühle nachdenke überkommt mich
eine tiefe Traurigkeit. So viel wurde mir genommen. So wenig habe
ich gespürt. Ich bin trotzdem davon überzeugt eine tolle Mama zu
sein. Bei Elias muss ja immer viel mehr an Gefühlen angekommen
sein, als ich geglaubt habe zu geben. Wäre er sonst so wie er ist?
Natürlich ist er jetzt mit sechzehn auch gerade im Antimutter-
stadium. Manchmal fühle ich mich so grausam ausgeschlossen, von
allem was in Elias Kopf jetzt vor sich geht. Ich denke aber, dass
das normal ist. Die vergangenen sechzehn Jahre mit ihm waren so
schnell vorbei und Elias hat mir nie große Sorgen bereitet. Danke
auch dafür. Er lebt immer im Augenblick, was morgen passiert
interessierte ihn dann auch erst morgen. Er ist fröhlich und gesund und verschlingt das Leben, so wie es sein soll. Ich mache mir
zurzeit trotzdem sehr viele Sorgen darüber, in wie weit auch er
durch meine Vergangenheit Negatives erlebt hat und geprägt wurde?
Immer wenn es für mich in den Einzeltherapiegesprächen gefähr-
lich eng d.h. zu gefühlsgeladen wird, fange ich an zu lachen um
meine richtigen Gefühle zu überspielen. Ist meine beste Verteidi-
gungswaffe. Aber ich kann mich ja nicht den Rest meines Lebens
durchlächeln.
War mir auch gar nie so bewusst, bis Frau Dr. Maurer in der ambu-
lanten Therapie und die Einzeltherapeutin hier mich darauf aufmerksam gemacht haben.

„Warum lachen Sie denn immer wenn Sie so was trauriges erzählen?" war die Frage dann immer und schon flossen meine Tränen. Ich lerne hier auch traurig zu sein über alles was mir passiert ist aber das ist auch ganz wichtig für mich. Trauer ist für meine Heilung sogar sehr wichtig, aber ich möchte mein Herz auch zum nichtleiden erziehen.

Immer wenn ich diese Traurigkeit empfinde, möchte ich diese Augenblicke annullieren oder mein Leben um einige Herzschläge zurückspulen, weil es so weh tut.

Manchmal wird mir auch hier alles zu viel und alles ist so ermüdend. Dann bäume ich mich auf und sage mir: „ich weigere mich jetzt mal zu leiden." Aber schon bald verschleiern sich meine Augen und ich weine wieder.

23.10.2012

Ich lerne hier so viel.

Wir machen oft Achtsamkeitsübungen. D.h. ich nehme mich mit Achtsamkeit wahr, versuche zu fühlen was ich gerade mache, wie ich mich selbst gerade behandle, wie ich mich spüre, mit was habe ich gerade Körperberührung usw.

Ziel dieser Übungen ist es wahrzunehmen wie ich mich selbst durch den Tag begleite. Wahrzunehmen, dass es keine neutralen Gefühle gibt. Entweder sie sind angenehm oder unangenehm.

Achtsamkeit üben heißt also die Erfahrungen des Hier und Jetzt mit Offenheit und Akzeptanz anzunehmen ohne sie zu bewerten. Im gegenwärtigen Augenblick leben.

Was ich hier auch mache ist die Imaginationstherapie. Imago bedeutet Bildnis oder Vorstellung. Einfach ausgedrückt ist Imagination die Fähigkeit sich etwas vorzustellen, ohne dass das ursprüngliche Objekt physisch auch tatsächlich anwesend ist. Es geht also darum sich im Wachzustand mit geschlossenen Augen Dinge, Situationen und Erlebtes vorzustellen. Imagination ist somit unsere menschliche Vorstellungs- und Einbildungskraft die in jedem steckt.

Während dieser Therapie versuche ich meine inneren Bilder fließen zu lassen wobei ich die Kontrollfähigkeit beibehalte und auch jederzeit Stopp sagen kann.

25.10.2012

Ich kann verstehen, dass manche Menschen meinen oder sogar zu mir sagen. „Lass doch die Vergangenheit endlich ruhen und rühre nicht ständig darin herum". Aber alle die so denken haben keine Ahnung davon, dass eine im inneren unverarbeitete Vergangenheit jeden Tag und jede Stunde in unser Leben hineinfunkt und das Leiden verursacht und immer verlängert.

Auch bei mir ist das so. Meine Vergangenheit existiert nicht in einem Fotoalbum, sondern in mir und zwar so, wie ich sie damals erfahren habe und nicht so wie mein Kopf heute denkt. Jede Sekunde ist in mir vollständig gespeichert samt den erfahrenen Körperempfindungen, Gefühlen, Gedanken und Ereignissen. Ich weiß jetzt auch, so wie ich als Kind begonnen habe auf alles zu reagieren in meinem Denken und Verhalten, so denke und verhalte ich mich auch in manchen Situationen heute noch.

„Gedanken haben kein Verfallsdatum!"
Erhard Horst Bellermann

Das was wir als Kinder an Gedanken verinnerlichen das bleibt und bestimmt unser Denken auch Jahrzehnte später noch. Genau deshalb muss man sich mit seiner Vergangenheit beschäftigen, erst recht, wenn man schlimme Symptome hat. Große Themen bei mir sind immer noch Trauer, Wut und Angst.

Wenn ich mich nicht um meine Trauer, Wut und Angst kümmere dann kümmern sie sich um mich. Sie holen mich immer wieder ein. Ich kann die negativen Gefühle nicht immer ablehnen denn das was wir Menschen ablehnen das wächst in uns und bekommt immer mehr Macht.

Und trotzdem:
Für eine glückliche Kindheit ist es nie zu spät. Ich kann den Missbrauch in meiner Kindheit nicht ungeschehen machen denn er ist zu fest in mir gespeichert aber ich kann durch all diese Erkenntnisse hier ihn verstehen und annehmen und ihn in mein Leben integrieren.
Aber das schaffe und habe ich nicht alleine geschafft. Ich habe schon so viel gebetet. Ich habe hier schon so viel Unterstützung bekommen und ich habe schon so viel gelitten. Ich wage nicht mehr zurückzudenken welchen Preis ich bezahlt habe um endlich den Appetit am Leben wieder zu bekommen.
Ich werde meinen Klinikaufenthalt in meinem Herzen als Symbol der guten Wende betrachten.

Ich träumte mein Leben, und es war wie ein Spaziergang am Meer. Im Sand waren zwei Fußabdrücke zu sehen, die Spur meines Lebens. Aber als ich genauer hinsah, war da noch ein zweites Paar. Ich hatte Begleitung: Gott war dabei. Mit ihm ging ich durchs Leben, er beschützte und führte mich. Doch manchmal sah ich nur eine Spur. Und es waren genau die Situationen, in denen es mir schlecht ging und die Probleme übermächtig wurden. Ich dachte es wären meine Fußtritte die ich sah. Deshalb wandte ich mich empört an Gott und fragte ihn anklagend: „Warum ist ausgerechnet dann, wenn meine Not am größten ist, nur eine Spur zu sehen? Warum hast du mich gerade dann allein gelassen, wenn ich dich am dringendsten gebraucht hätte?" Da hat Gott geantwortet:"das waren die Stunden deines Lebens, in denen ich dich getragen habe."
Das habe ich heute gelesen. Ich finde das wunderschön.

Ich bin an einem Punkt im Leben angelangt an dem ich Inventur mache. Ich denke viel darüber nach wer ich bin und warum ich so bin. Ich frage mich: „wohin gehe ich jetzt von hier aus?" Ich stehe an einer Kreuzung und muss mir überlegen ob ich jetzt die Vergangenheit soweit es geht abschließen kann. Aber was kommt dann? Ich habe momentan ein sehr verschwommenes Bild von mir selbst. Bin nicht mehr die Maria, die ich vor ein paar Monaten noch war, aber die neue Maria kann ich auch noch nicht ganz sein.

Aber ich erkenne hier auf jeden Fall, dass der Plan für „Morgen" in mir selbst liegt. Um diesen Plan noch genauer zu entdecken, muss ich meinen Blick noch mehr nach innen richten.

Meine Fragen sind:
Wo befinde ich mich jetzt?
Wohin möchte ich gehen?
Wie gelange ich dort hin?

Am besten finde ich das raus wenn ich mich auf mein inneres Gespür für die richtige Richtung verlasse.

Ich muss einfach einen nüchternen Blick auf das werfen was ich bisher mit mir herum getragen habe und überlegen, ob ich damit noch vorwärts kommen kann. Ich muss vieles neu bewerten und neu entwickeln, den neuen Rahmen für meine Visionen schaffen, eines für mich guten Lebens. Das ist ein Prozess. Ich darf nicht in meine alten Verhaltensmuster zurück fallen die mich davon abhalten anzukommen wo ich gerne wäre. Meine Verhaltensmuster haben mir zwar geholfen dahin zu kommen wo ich jetzt bin ohne komplett verrückt zu werden, aber sie helfen mir nicht dahin zu kommen wo ich gerne sein möchte. Darum werde ich jetzt meine Verhaltensmuster, nach dem ich schon so viele erkannt habe, versuchen abzulegen. Ich habe genug um den Verlust meines Lebens getrauert. Ich möchte das jetzt endlich alles überwinden.

Ich denke ich habe diesen Prozess bereits eingeleitet.
Er wird mich dazu bringen über viele Fragen nachzudenken. Ich möchte mich von allem trennen was mich immer so leblos gemacht hat. Und dann kann ich einen Plan für den vor mir liegenden Weg ausarbeiten. Einen der mich dorthin führt wo ich hin möchte.

Meine großen Ziele:

Mein Lachen wiederfinden

Einen Job zu finden, in dem ich meine Fähigkeiten einsetzen kann und in dem ich von guten Menschen umgeben bin. Eine Freizeitbeschäftigung zu finden, die mich mit Freude und Energie erfüllt

Eine Wohnsituation zu erschaffen, in der ich mich geborgen fühle. Mit Menschen die ich liebe Zeit zu verbringen, Spaß haben aber auch alle anderen Gefühle intensiv zu teilen

03.11.2012
Ich lerne hier täglich, dass im Leben alles seine Zeit, alles seinen Platz und alles seinen Raum braucht.
Ich glaube, ich habe meiner Vergangenheit jetzt genug Zeit, Raum und Platz gegeben, so dass ich jetzt meine gesamten Ziele in Angriff nehmen kann. Heute habe ich zum ersten Mal Sehnsucht bzw. Heimweh. Am Wochenende ist es hier immer sehr ruhig da fast alle Mitpatienten heimfahren.

04.11.2012
Ich bin jetzt seit fünf Wochen in der Klinik und merke wie sich meine Gedanken verändern. Sie tanzen plötzlich mehr in der Zukunft und nicht mehr nur in der Vergangenheit.

05.11.2012

Habe heute eine schlimme Nachricht erhalten. Barbara hatte wieder einen Rückschlag. Wieder wollte sie, ihre an sich schon kurze Existenz, vorzeitig beenden. Wieder hat sie den Plan gefasst ihr Leben aufzugeben. Es sind so traurige Zeiten und was das Schlimmste für mich ist, ich kann sie verstehen. Ich würde ihr so gerne helfen, aber wie? Wenn man sich mit Suizid beschäftigt braucht man Profis die einem helfen und Barbara ist in guten Händen. Ich kann hier nur für sie beten und wenn ich dann entlassen werde, werde ich für sie da sein.

Momentan scheint sie nur das Sterben anzuziehen, nichts anderes. Sie sieht keine andere Möglichkeit mehr ihre seelischen Qualen zu erleichtern.

Lieber Gott, beschütze Barbara und schenke ihr Kraft.

Ich achte ihren Schmerz und kann nicht viel darüber sagen, denn ihr Schmerz ist einzigartig und nur sie kann ihn wirklich spüren. Keiner kann über fremden Schmerz urteilen, nicht über den von Barbara und nicht über den von mir.

06.11.2012

Wann hört das Warten auf? Man wartet nicht mit dem Kopf man wartet mit dem Herzen. Am meisten warte ich zu Zeit darauf, dass ich meine innere andauernde Unruhe loswerde. Aber ich lerne, es geht nicht darum sie loszuwerden, sondern sie loszulassen. Es werden immer wieder Gedanken an den Missbrauch auftauchen. Ich schaue sie an, ich lasse sie sein. Sie dürfen sein. Es darf alles sein was in mir ist.In dem ich sie sein lasse, kann ich zurücktreten, kann ich sie dort sein lassen wo sie sind, nur in meinem Kopf. Aber mein Selbst ist dann nicht mehr von ihnen berührt. Ich schaue sie immer wieder an. Lasse sie zu, aber dann relativiere ich sie, in dem ich mir sage: „jetzt kümmere ich mich nicht mehr um euch!"

Die Gedanken daran dürfen immer wieder auftauchen. Ich nehme sie wahr und lasse sie sein. Dann beunruhigen sie mich nicht mehr so sehr. Dann kommt die Ruhe.

In diesem Lernprozess befinde ich mich gerade. Dabei hilft mir auch die RMT (regulative Musiktherapie).

In der RMT hören wir Musik, allerdings immer nur instrumental. Dabei versuchen wir zur Ruhe zu kommen. Danach müssen wir beschreiben wie wir uns fühlen und welche Körperregionen wir spüren denn jedes Gefühl sitzt in einer bestimmten Körperregion. Musik löst immer irgendwelche Emotionen aus. Meist aber nur unbewusste. Auf einem direkten Weg oder in dem sie Erinnerungen wecken, die mit Gefühlen verbunden sind.

Heute habe ich in der Therapie folgenden Dialog erlebt:
Therapeutin: „Sie lieben das Denken sehr, nicht wahr?"
Ich: „Ja, sehr".
Therapeutin: „Dann lieben Sie noch mehr das Fühlen, dann haben Sie etwas woran sie denken können".

Dieser Dialog entstand, nachdem wir feststellten, dass ich immer wenn ich anfange etwas zu fühlen ganz schnell weiter denke. Als sie das zu mir sagte saß ich tief berührt da und versuchte nicht zu weinen. Ich schluckte meine Tränen.

Ich habe in den letzten Wochen gelernt mein Schicksal bedingungslos zu akzeptieren. Ich will stark sein, also werde ich stark sein. Ich gehöre nicht zu Gottes vergessenen Kindern, nein. Ich habe doch schon eine ganze Menge geschafft.

Ich höre immer mal wieder Worte die wie ein Blitzstrahl in den letzten Winkel meiner Psyche vordringen.

Z.B die Frage: „wie war das denn für Sie als ihr Sohn bei ihnen ausgezogen ist?"

Jetzt frage ich mich ob ich das überhaupt schon richtig realisiert habe. Als ich dann zurückdachte wie das war, wollte ich das überhaupt gar nicht mehr wissen. Und doch: ich lief tagelang in der halbleeren Wohnung umher, wie ein Löwe im Käfig. Ich saß stundenlang auf dem Boden in Elias leerem Zimmer. Ich war tieftraurig, aber ich wünschte ihm das Beste und das größte Glück auf Erden.

Wenn man das so liest ist, es ist wie in einem Roman. Aber es ist kein Roman, es ist die Wahrheit, ein Ausschnitt aus meinem Leben.

07.11.2012

Seit ich hier im Krankenhaus bin habe ich das Bedürfnis mit einem Seelsorger zu sprechen. Heute war es dann soweit. War für mich die beste Therapiestunde meines Lebens. Ich habe dem Pater erzählt, was mich immer so arg beschäftigt, z.B. mein schlechtes Gewissen, das ständig da ist, in Bezug auf meine Mitmenschen, Elias, meine Familie, meine Partner usw.
Vor allem auch mein schlechtes Gewissen, weil ich oft den Gedanken hatte, mein Leben wegzuwerfen das mir doch von Gott geschenkt wurde.
Wir haben uns dann lange über meine seelischen Schmerzen unterhalten, was mir sehr gut getan hat. Zum Abschluss erteilte er mir dann eine Generalabsolution. Generalabsolution nennt man einen vollkommenen Ablass der Sünden durch einen Priester der die Absolutionsformel spricht: „Ich spreche dich los von..."

Der Pater hat mir vorher jedoch mehrmals bestätigt, dass ich mich nicht versündigt habe vor Gott, da das ja alles Folgen meiner Krankheit sind und waren.
Nicht ich habe gesündigt, sondern jemand anderer hat sich an mir versündigt. Dann hat er mich noch gesegnet. Das war so schön.

Nachdem ich ihm erzählt hatte, dass ich oft Suizidgedanken hatte, die mein Gewissen jetzt so sehr belasten, schenkte er mir ein Komma, einfach nur ein Komma, damit ich meine Geschichte weiterschreiben kann und keinen Schlusspunkt mehr setzen muss. Ja, einfach nur ein Komma. Selten hat mich ein Mensch so verzaubert wie dieser Pater. Danke für Ihren Segen und danke für Ihre Worte.

18.11.2012

Morgen fängt meine letzte Intensivtherapiewoche an. Ich weiß nicht ob ich das schön oder traurig finden soll. Ich habe große Angst nach Hause zu gehen, weil ich dann wieder auf mich alleine gestellt bin.

Ich habe hier sehr viele heilende Begebenheiten erlebt und erfahren, dass Heilung sehr schmerzhaft ist. Als ich hier ankam war ich eine einzige große Wunde. Welches Ausmaß das Wort Geduld hat, wenn man sie selber üben muss, lerne ich täglich. Viele Wunden wurden hier geschlossen aber es bleiben auch noch sehr viele offen. Gut, dass ich zu Hause Therapeuten habe die mit mir weiter arbeiten.

Ich habe in den letzten Tagen sehr viel geweint, so großer Schmerz kommt einfach nicht ohne Tränen aus.

Und doch gehe ich mit diesem Schatz nach Hause: Endlich weinen, weinen, weinen können.

Michael denkt, man kann meine Sorgen wegließen. Wenn das so einfach wäre, hätte er mich durch seine Liebe schon lange geheilt. Aber so funktioniert das leider nicht.

Manchmal schalte ich hier auch meine Gefühle einfach wieder ab. Das geht sogar, das gehört zur Zeit des Strampelns um nicht unterzugehen. Ich sehnte mich ja so sehr nach Gefühlen, aber doch nicht alle auf einmal und nicht alle so intensiv. Sehr schöne Gefühle verspüre ich auch wenn ich Post von zu Hause bekomme und merke wie sehr ich allen fehle. Ich wusste nicht, dass ich von so vielen Menschen geliebt werde, oder wusste ich es doch und habe nur nichts empfunden, wie so oft? Ich weiß, dass ich noch vor kurzem nicht sagen konnte wer ich bin. Kann ich das jetzt? Jetzt? Keine Ahnung. Ich weiß nicht wer noch was ich bin, denn die, für die ich mich gehalten habe, ist nicht die, die ich bin. Ich bin gerade auf Entzug von der, die ich war, um zu sein, die ich bin.

Das spüre ich auch daran: wenn ich etwas sehe oder erlebe merke ich, dass Michael und ich eine Einheit sind. Ich sehe es mit seinen Augen, höre es mit seinen Ohren. Dann überkommt mich dieses Zusammengehörigkeitsgefühl. Schön, diese gemeinsame Erlebnisfähigkeit, auch das gehört zur heilenden Maria. Kannte ich aus meinem früheren Leben nicht. Wann wird mir das geistige Krebsgeschwür der Schuld ganz aus der Brust gerissen?

Auf der Suche nach mir selbst, habe ich entdeckt, dass ich viel kränker war bzw. bin als ich dachte.

In solch einer Situation versucht man alles. Heute war ich sogar, bitte nicht lachen, beim Lachyoga.

Lachyoga wurde von einem indischen Arzt Dr. Kattara entwickelt. Lachyoga trainiert die Fähigkeit sich selbst erheitern zu können. Es ist eine einfache und wirksame Methode, natürliche Kräfte zu mobilisieren und die positiven Wirkungen herzhaften Lachens an Körper und Seele zu erleben. Unserem Körper und unserer Seele ist es egal ob wir lachen weil wir etwas Lustiges sehen oder ob wir ohne Grund lachen. Viele Studien belegen diese Wirkungen. Wir lachen nicht weil wir glücklich sind sondern wir sind glücklich weil wir lachen.

Lachen ist die Musik der Seele und jedes Mal wenn wir lachen fügen wir unserem Leben ein paar Minuten hinzu.

Also mir hat das sehr gefallen. Da ich ja hier in der Klinik nicht viel zu lachen hatte war das sehr befreiend für mich.

Hat mich auch wieder darin bestätigt, dass ich ein sehr humorvoller Mensch bin. Ist mir nur in den letzten Monaten ein wenig verloren gegangen.
Ja, ich bin dieselbe geblieben nur der Blick auf die Dinge hat sich verändert.

22.11.2012

Die letzten vier Tage in der Klinik.

Ich befinde und befand mich hier in der Klinik in einer fremden Welt, vor der Gesunde sich oft fürchten und auf die sie oft abwehrend regieren, weil sie merken, dass die Grenze zwischen Krankheit und Gesundheit fließend ist.
Bei psychischen Krankheiten ist das besonders ungreifbar für Außenstehende.
Ja, was ist hier mit mir passiert? Meine seelische Querschnittlähmung ist nicht mehr völlig gelähmt aber alles steht noch auf sehr wackeligen Beinen. Ich vertraue weiterhin auf die verborgene Gesundheit in mir, denn irgendwie hat es die Natur geschafft, mir ein optimistisches und kämpferisches Gemüt zu verpassen. Ja, Ich gebe nicht auf, bin manchmal nur so müde, das ist alles. Was kann ich antworten auf die Frage wie geht es dir jetzt? Die Antwort die sich für mich richtig anhört ist „anders". Mein Leben fand ja immer im Passiv statt, ich wurde gelebt. Die Grammatik hat sich geändert. Ich beginne wieder selber zu leben. Ich hatte bisher immer das Gefühl hinter Schleiern zu leben, ich sah alles, war aber von der Wirklichkeit getrennt. Hier habe ich erfahren, dass mein ureigenes Wissen über mich selbst und über die Wahrheit verlässlich ist. Manchmal klopfe ich mir in Gedanken auf die Schulter und sage mir: „siehst du, es geht schon alles bisschen besser".

Ich bin dem ganzen Ärzte- und Therapeutenteam hier unendlich dankbar. Noch nie habe ich mich so verstanden und beschützt gefühlt wie hier.

Es ist viel leichter, über Kleinigkeiten in Dankesjubel auszubrechen als über eine Last, die einem jemand von der Seele nimmt.

All die Fragen ständig:
wie geht es Ihnen
wie fühlen Sie sich
wie fühlen Sie sich wenn Sie das sehen oder hören
wie fühlen Sie sich gerade in diesem Moment
was macht das mit Ihnen
was spüren Sie auf der Körperebene
brauchen Sie ein Krisengespräch
möchten Sie darüber reden
brauchen Sie einen Therapeuten
möchten Sie das noch genauer anschauen
usw.

Diese Fragen waren manchmal so nervig aber auch unheimlich wertvoll weil man immer wieder gezwungen wurde in sich rein zu fühlen.

Was ist wohl zu Hause alles passiert während ich weg war und fast keinen Kontakt hatte? Ich weiß nur, dass meine Krankheit mehr bewirkt hat als die Bilder im Familienalbum durcheinander zu bringen. Manche in der Familie haben die Frage nach dem „Warum" stellen müssen und waren ein wenig mehr sie selbst geworden, gerade weil sie die Frage gestellt hatten.

Ich habe heute Briefe an meine Familie gesendet mit dem Wunsch, ganz viel Geduld mit mir zu haben wenn ich wieder zu Hause bin und einfach zu akzeptieren wenn ich manchmal ein bisschen „komisch" bin und das werde ich bestimmt manchmal sein. Manchmal erwischt es mich noch, ich möchte gelassen, ausgeglichen sein, aufs Neue ausgerichtet. Aber dann wiederfahren mir Dinge die alles wieder zum Einsturz bringen was ich so mühsam aufgebaut habe.

Und dann ist all die Verzweiflung wieder da und füllt mich randvoll aus. Dann möchte ich mein Elend in die Welt hinaus schreien, aber das geht nicht, es gibt immer irgendwelche Bremsen, entweder andere Menschen oder wenn ich alleine bin, etwas in mir selber.

25.11.2012

Die Welt hat sich zwar während meiner Abwesenheit nicht umgedreht aber ich habe hier mehr Stabilität erreicht und meine Selbstwahrnehmung gestärkt.

Abschied

„Abschied ist die Geburt der Erinnerung."
Salvadore Dali

Morgen früh werde ich nach Hause gehen. Ich glaube, dass es jetzt der richtige Zeitpunkt ist die Klinik zu verlassen.

Die Dinge geschehen zur rechten Zeit und für jeden von uns gibt es einen Plan.

Meine Koffer stehen gepackt hier im Zimmer und warten mit mir bis meine Eltern mich morgen abholen.

Die Vergangenheit wird zwar immer wieder Schatten auf mich werfen, aber mein Leben zu Hause soll unter dem Motto *Leben lieben und Liebe leben* stehen.

Zu Hause:
Alpha und Omega - Omega und Alpha
(aus dem griech. Anfang und Ende – Ende und Anfang)

01.12.2012

Lieber, böser Opa,

ich wollte dir mal schreiben, obwohl ich weiß, dass es nicht mehr möglich ist, dass du das liest.
Dieser Brief dient lediglich dazu mir was von der Seele zu schreiben und eine Sache transparent zu machen die mich jahrelang belastet hat. Das war zu der Zeit in der du noch gelebt hast nicht möglich. Da war ich noch nicht so weit. Ich finde, du kannst ruhig wissen, wie schlecht ich mich deinetwegen mein Leben lang schon fühle. Warum soll ich dich eigentlich schonen? Dich hat ja auch nie interessiert ob ich traurig oder unglücklich war. Ich nehme jetzt keine Rücksicht mehr. Mein Leben war so gut wie kaputt und nun da ich viele der Gründe kenne, werde ich alles tun um gesund und glücklich zu werden. Die Tragweite dessen, was du meiner Seele angetan hast, dass ich sehr krank geworden bin sprechen Bände. Und auch wenn ich nicht sagen will, dass du an allem Schuld bist so hast du doch einen außerordentlichen großen Anteil an meinen Problemen und Schwierigkeiten. Du hast bei mir Grenzen überschritten, die kein Opa und auch sonst niemand darf. Du bist in meine Intimsphäre eingedrungen und sage jetzt nicht, das ist nicht wahr. Es ist wahr. Du hast mich schlichtweg missbraucht. Das muss man einfach mal klar sehen. Für dich war es vielleicht harmlos aber für mich bedeutet es viel mehr. Ich wollte das nicht, konnte mich aber auch nicht wehren. Ich habe mich monatelang damit befasst, denn es muss Gründe geben, dass ich derart verkorkst bin.
Wie viel ich in den letzten Monaten über dich nachgedacht habe, kann ich kaum sagen. Mir tut es nur so wahnsinnig leid, was aus mir wegen dir geworden ist. Das ist alles so schwer für mich und ich habe auch noch sehr viel zu verarbeiten und zu überwinden. Was

ich in diesem Brief eigentlich nur sagen will ist folgendes: Ich bin sehr krank geworden aber ich werde es schaffen wieder gesund zu werden. Ich verstecke mich nicht mehr, sonder stehe zu meiner Krankheit. Ich sage meine Meinung und rede über meine Probleme mit Menschen, die mich verstehen. Und glaube ja nicht, dass ich noch die Klappe halte was dich betrifft. Ich habe viel zu lange geschwiegen. Viele wissen Bescheid und wenn mich Menschen fragen was mit mir los ist werde ich mich auch mitteilen. Ob ich dir jemals verzeihen kann oder vielleicht schon verziehen habe, ich weiß es nicht.

Deine Enkelin

10.12.2012

Heute vor vier Wochen wurde ich entlassen. Hätte nicht gedacht, dass es so schwer ist nach einem so langen Krankenhausaufenthalt zurück in das alte Umfeld zu kommen. In den zwei Monaten in denen ich in der Klinik war, habe ich um mein Leben gekämpft und meine Freunde und meine Familie haben ihr Leben weiter gelebt. Irgendwie sind mir alle so fremd geworden. Sie bemühen sich zwar alle sehr um mich, aber ich schaffe es einfach noch nicht, mich mit ihnen zu verabreden. Wir haben so unterschiedliche Dinge erlebt. Es darf sein, dass ich mich im Moment meinerseits noch nicht dazugehörig fühle. Das wird sich mit der Zeit sicher wieder einstellen.

Bald ist das Jahr 2012 vorbei.

Mein Jahresrückblick:
Ich habe in diesem Jahr gelacht, geweint, getrauert, geliebt und mehr oder weniger gelebt. Vieles akzeptiert, vieles verziehen und selbst Fehler gemacht. Menschen kennengelernt, die mir nun wich-

tig sind und Menschen aus meinem Leben geschmissen, die es nicht wert waren ...
Aus Erfahrungen gelernt und manches bereut.

Aber all das ist ein Teil des Menschen der ich ab 2013 sein werde.

13.12.2012

Was habe ich in 2012 alles erkennen dürfen:

- dass jeder von uns die Freiheit hat zu entscheiden, was das Wichtigste in seinem Leben ist
- dass das Leben von innen nach außen verläuft, d.h. dass die Qualität unseres Denkens, Sprechens und Handelns und der bewusste, angenehme Umgang mit unseren Gefühlen unser äußerliche Lebenswirklichkeit entscheidet
- dass wir unseren Körper unbewusst selbst krank machen und darum auch selbst heilen können
- dass die Liebe und das Lieben das alles Entscheidende in unserem Leben ist

Heute wurde mir wieder bewusst warum ich dieses Buch schreibe: Manchmal muss man einfach nur Tagebuch schreiben, um seinem Herzen Luft zu machen. Gefühle abladen. Gedanken zu Papier bringen. Das Buch dann zufrieden zuklappen, weil die Seiten wieder etwas schwerer geworden sind und deine Seele wieder etwas leichter.

Das ist meine Geschichte,
eine andere habe ich nicht.

Was ich noch sagen wollte ...

Warum ich dieses Buch geschrieben habe? Wir Menschen kommen in unserem Leben manchmal in Situationen, in denen wir wachsen oder untergehen. Ich bin gewachsen und habe das Leben gewinnen lassen. Heute geht es mir gut. Ich muss noch einige Herausforderungen angehen, aber ich erkenne mich jetzt besser, weiß, was ich will und kenne meine Grenzen und daher auch die der anderen. Ich weiß heute, dass es in mir sehr viele gesunde Anteile gibt, um die ich mich jetzt kümmere.

Kein Mensch stirbt, ohne innere oder äußere Narben. Wichtig ist, wie wir mit unseren Verletzungen umgehen, die das Leben in uns geschlagen hat.

Ein unbekannter Weg lässt sich leichter bewältigen, wenn man weiß, dass ihn schon andere vor einem selbst beschritten haben. Deshalb habe ich dieses Buch geschrieben. Allen Menschen zu zeigen, dass man alles schaffen kann, egal auf welche Art und Weise wir Opfer geworden sind. Ich möchte allen Mut machen, dass auch sie ihre Vergangenheit aufarbeiten können. Auch mich hat es sehr viel Mut gekostet dieses Buch zu veröffentlichen. Aber nur das kann der richtige Weg sein, anderen zu helfen. Ohne meine Offenheit und Bereitschaft über dieses sehr sensible Thema zu schreiben, wäre dieses Buch nie entstanden.

Anfangs habe ich nur Tagebuch geführt als zusätzliche Therapiemaßnahme. Die Idee das Buch auch für andere zugänglich zu machen, kam erst viel später. Ich kann euch Leser nur ermutigen alles aufzuschreiben, was euch belastet. Mir hat das immer sehr geholfen und tut es auch jetzt noch.

Und noch was: Akzeptiert eure Mitmenschen, so wie sie sind, denn meistens kennen wir ihre Geschichten nicht.

Über die Autorin

Maria Martin wurde in den 70er Jahren geboren. Sie ist in einer kleinen Gemeinde in der Nähe der Schweizer Grenze aufgewachsen, wo sie auch heute noch lebt.

Als kleines Mädchen wurde sie über viele Jahre von ihrem Großvater sexuell missbraucht und zum Schweigen gezwungen. Heute muss sie nicht mehr schweigen und das ist auch einer der Gründe, warum dieses Buch nach vielen Therapien und einem Klinikaufenthalt im Frühjahr 2013 entstanden ist.

Kontaktaufnahme zur Autorin:
mariamartineditionlumen@web.de

Rezensionen zum Buch

Die Resonanz zu diesem Buch war enorm und vielfältig. Wir erlauben uns, einen kleinen Auszug der Rückmeldungen hier zu veröffentlichen. Am Wortlaut wurden keine Veränderungen vorgenommen.

„Dieses Buch kann man nicht mehr zur Seite legen, wenn man erst angefangen hat zu lesen … Es hat mich sehr berührt und ist mir tief ins Herz gegangen. Es macht betroffen und zugleich regt es an, sich mutig den Herausforderungen des Lebens zu stellen, nicht aufzugeben und zu kämpfen. Man spürt dieses Buch ist echt, es ist keine Story, sondern all das ist ihr tatsächlich so widerfahren. Ich wünsche Maria Martin sehr, dass sie es schafft und ihr Mut und ihre Anstrengungen mit einem gefühlvollen, glücklichen Leben belohnt werden."

„Ich habe dieses Buch innerhalb kürzester Zeit gelesen und war sehr ge-/und berührt von der Art des Schreibens … keine Vorwürfe, keine Vorhaltungen, kein Sensationsbericht, sondern die offene und ehrliche Wiedergabe von Gefühlen, Fragen, Zweifel und dann das Vorhaben mit dem Ziel, aus diesem Dilemma wieder herauszuwollen, leben zu wollen, lieben zu wollen …. Ich kann dieses Buch Allen empfehlen, die mal an ihre Grenzen gekommen sind und am Leben gezweifelt haben, die Antworten suchen (kein Patentrezept)und die mit Missbrauch (nicht nur sexuellen) in Berührung gekommen sind. Es ist ein hoffnungsvolles Buch voller Gefühle und die Möglichkeit doch aus einem "tiefen Loch" herauskommen zu können und wieder an das Leben und die Liebe zu glauben. Ich war begeistert und habe es inzwischen ein 2. Mal gelesen und es wird nicht das letzte Mal gewesen sein. Ich danke Frau Martin für diesen ehrlichen Bericht und für die Möglichkeit und den Mut, den sie an den Tag legt, andere an ihren Gefühlen teilhaben zu lassen und für die Hoffnung, die sie jedem mit auf dem Weg gibt. VIELEN DANK hierfür!"

„Ihr Buch hat mich sehr bewegt - teilweise sogar so aufgewühlt, dass Tränen kamen. Mit der Veröffentlichung Ihres Tagebuches haben Sie viel Mut und Stärke bewiesen. Sein Innerstes nach außen kehren und nicht nur seiner besten Freundin im Geheimen erzählen, sondern der ganzen „Welt" darlegen - da gehört einiges dazu. Ich habe auch einen Bekannten, der es sich nicht anmerken lässt, wenn es ihm schlecht geht, aber Sie scheinen ein Meister darin zu sein. Ich glaube, nur Wenige können nachempfinden, was Sie durchgemacht haben und wie Sie jahrzehntelang darunter gelitten haben. Viele wären daran zerbrochen - aber Sie scheinen, mit Hilfe von Therapeuten und dem Schreiben dieses Tagebuches, auf dem besten Wege zu sein, das Erlebte anzunehmen, auf sich wirken zu lassen, es zu verarbeiten, anzunehmen und zu lernen damit umzugehen. Ich wünsche Ihnen, dass sich Ihre Ziele und Träume erfüllen mögen."

„Ich habe mir das Buch gekauft, da ich durch eine Werbung dafür aufmerksam wurde. Ich fing an zu lesen und las und las und las, bis ich es durchgelesen hatte. Es hat mich sehr gefesselt. Maria beschreibt ihr Schicksal offen, ehrlich, gefühlvoll, jedoch ohne ins Detail zu gehen. Dies finde ich persönlich klasse, weil ja sonst die Gefahr des Triggerns bestehen könnte. Sie hat es geschafft, ihre Geschichte anderen Menschen über das Buch zugänglich zu machen. Ich bewundere hier ihren Mut, ihre Ausdauer, ihre Stärke und bin auch der Meinung, dass sie es nun absolut verdient hat, endlich ein besseres Leben führen zu können. Ein Leben, in dem sie Gefühle annchmen, spüren, verstehen und leben darf. Sie ist einen sehr mutigen Weg gegangen, den sicherlich viele Opfer von sex. Missbrauch noch vor sich haben. Aber das Buch macht Mut, den Weg in ein besseres Leben zu starten. Für mich persönlich waren sehr, sehr viele Parallelen zu meiner Geschichte zu erkennen. Dass sie ihr Schicksal in Tagebuchform veröffentlicht hat, lässt dieses Buch noch besser lesen und auch nachvollziehen und verstehen. Ich werde dieses Buch weiterempfehlen, auch an nicht Betroffene. Denn Kraft und Stärke können auch nicht Betroffene oft gut gebrauchen, um ihr Leben besser und wertvoller zu leben. Ich kann aus eigener Erfahrung nur bestätigen, dass Menschen mit solchen Schicksalen wirklich ihre Kraft lange Jahre des Lebens benötigen, um zu funktionieren. Ja, daher ist es umso mehr ein Geschenk, wenn man durch entsprechende Therapien sein Schicksal annehmen und einsortieren und ins Leben integrieren kann, damit man dann die Kraft für das Leben einsetzen kann und für schöne Hobbys oder soziale Kontakte etc. Maria wünsche ich alles Gute für ihren weiteren Lebensweg und ein tolles, neues und liebendes Leben. Allen anderen LeserInnen wünsche ich, dass sie die Kraft haben mögen, sich mit ihrem Schicksal auseinander zu setzen, damit auch sie ihre Kraft für ein lebenswertes, liebendes und zufriedenes Leben mit lieben Menschen an ihrer Seite verwenden können.

***

Sie haben selber Missbrauch erlebt?
Brechen Sie Ihr schweigen!

www.bittere-traenen-magazin.de